高等职业教育创新型系列教材

智能财税实习实训指导手册

主　编　陈文惠
副主编　李　超　张奎燕
　　　　张富文　刘荣俊

北京理工大学出版社
BEIJING INSTITUTE OF TECHNOLOGY PRESS

内 容 提 要

智能财税实习实训指导手册以国家金税三期纳税申报平台应用为基础，全面介绍了企业各税种的核算、申报、缴纳、筹划的基本方法，按照企业税务会计岗位的实际工作内容和程序安排，内容主要由增值税、消费税、企业所得税、个人所得税及其他税种的税费计算和纳税申报组成。每个学习情境都按照学习目标、知识链接、实训流程、实训须知、案例资料、任务实施来安排结构，形成了一个完整的以学生为主体、教师为主导，以能力培养为主线的教学循环。

本书体现出鲜明的高等职业教育特色，适用于高等职业院校、高等专科院校、成人高校、民办高校及本科院校举办的二级职业技术学院的财经类专业及其他相关专业的教学，也可供五年制高职及中等职业学校学生使用，并可作为社会相关人员培训用书。

版权专有　侵权必究

图书在版编目（CIP）数据

智能财税实习实训指导手册/陈文惠主编．--北京：北京理工大学出版社，2023.12
　　ISBN 978-7-5763-3251-3

Ⅰ．①智…　Ⅱ．①陈…　Ⅲ．①财税－管理信息系统－手册　Ⅳ．①F810-39

中国国家版本馆 CIP 数据核字(2024)第 000594 号

责任编辑：李玉昌　　**文案编辑：**李玉昌
责任校对：周瑞红　　**责任印制：**施胜娟

出版发行 /	北京理工大学出版社有限责任公司
社　　址 /	北京市丰台区四合庄路 6 号
邮　　编 /	100070
电　　话 /	（010）68914026（教材售后服务热线）
	（010）68944437（课件资源服务热线）
网　　址 /	http：//www.bitpress.com.cn
版 印 次 /	2023 年 12 月第 1 版第 1 次印刷
印　　刷 /	河北鑫彩博图印刷有限公司
开　　本 /	787 mm×1092 mm　1/16
印　　张 /	16
字　　数 /	358 千字
定　　价 /	49.00 元

图书出现印装质量问题，请拨打售后服务热线，负责调换

前 言

党的二十大报告提出:"健全现代预算制度,优化税制结构,完善财政转移支付体系""加大税收、社会保障、转移支付等的调节力度""完善支持绿色发展的财税、金融、投资、价格政策和标准体系"等对完善现代税收制度体系做出了新部署。这为充分发挥税收在国家治理中的基础性、支柱性和保障性作用奠定基础,也充分说明了税收的重要程度。《智能财税实习实训指导手册》内容主要由增值税、消费税、企业所得税、个人所得税及其他税种的税费计算和金税三期纳税申报组成;目的是使学生通过实训,结合所学的税法理论知识,解决税务处理实务中的各种问题,为学生毕业后的岗位工作打下良好的基础。

通过本课程的学习,学生能够理解税收的含义,掌握税法的构成要素,认识我国税的种类,掌握增值税、消费税、个人所得税、征税范围、纳税人、适用税率和征收率,掌握居民企业、非居民企业、不征税收入、免税收入、准予扣除项目及标准、不准予扣除项目、亏损弥补、资产的税务处理、免征与减征优惠等知识;学生认知并树立税收风险意识,养成关注国家税收政策变化的习惯,使本专业学生比较系统、全面地掌握涉税业务处理知识;培养学生各项税种的纳税申报能力,编制纳税申报表、税款缴纳、增值税发票勾选确认、增值税发票填开、纳税风险评估、纳税筹划等相关职业技能。

基于案例企业真实组织机构、纳税工作任务、报税业务流程与操作环境的全景呈现,训练学生从事财务工作所需的基础能力、专业核心能力、综合拓展能力和创新创业能力。培养学生的竞争意识、合作意识、全局意识及思想政治素质、综合职业素质。该课程主要以基础会计、企业财务会计、税法等课程为基础,也是学生走出校门、顶岗实习的基础。学生就业主要面向企业(中小企业)、行政事业单位、会计(税务)师事务所等单位的出纳岗位、会计核算岗位、办税员岗位、会计(税务)代理岗位,培养能进行涉税事务处理、会计(税务)代理的高素质技能型专业人才,可以从事会计(税务)师事务所税务鉴证、咨询、培训等工作。

本书由陈文惠担任主编,李超、张奎燕、张富文、刘荣俊担任副主编,褚志磐、曾令艳、潘建红、李伟、吴美参与了本书的编写工作,具体编写分工为:陈文惠编写本书整体框架,并完成项目一和项目二的编写工作;李超、曾令艳共同编写金税三期平台各税种操作流程及截图整理；张奎燕、潘建红共同编写项目三中的任务一~任务三；张富文、李伟共同编写项目三中的任务四~任务六；刘荣俊、褚志磐、吴美共同编写项目三中的任务七、任务八和项目四。

由于编者水平和实践经验有限，书中不妥之处在所难免，恳请读者批评指正，十分感谢！

编　者

目　录

项目一　课程导读 ··· 1

　　任务一　课程介绍 ··· 1
　　任务二　课程组织 ··· 6

项目二　实训前准备 ·· 17

　　任务一　软件安装与卸载 ·· 17
　　任务二　教师端系统操作 ·· 23
　　任务三　学生端系统操作 ·· 47
　　任务四　常见问题处理与规避 ··· 53

项目三　纳税申报业务处理 ·· 58

　　任务一　增值税开票、认证、申报系统案例操作 ······························ 58
　　任务二　企业所得税月（季）度、企税年度汇算清缴申报系统案例操作 ······ 84
　　任务三　自然人税收管理及个税师初中高等级训练系统案例操作 ········ 112
　　任务四　消费税申报系统案例操作 ·· 167
　　任务五　财务报表申报系统案例操作 ··· 178
　　任务六　小税种申报系统案例操作 ·· 192
　　任务七　纳税评估系统案例操作 ··· 214
　　任务八　纳税筹划系统案例操作 ··· 230

项目四　实训总结与评价 ·· 248

参考文献 ·· 250

项目一

课程导读

任务一　课程介绍

一、课程培养目标

智能财税实习实训以国家金税三期纳税申报平台应用为基础，基于企业真实组织机构、纳税工作任务、报税业务流程、操作环境开展学生实训，完成不同税种的纳税申报业务，达成以下课程目标。

(一)知识目标

(1)明确认识企业纳税工作基本流程；

(2)掌握增值税、消费税、个人所得税、企业所得税等税种的征税范围、纳税人、适用税率和征收率；

(3)掌握居民企业、非居民企业、不征税收入、免税收入、准予扣除项目及标准、不准予扣除项目、亏损弥补、资产的税务处理、免征与减征优惠政策。

(二)技能目标

(1)能依法进行各类税务登记，依法领购发票，填开增值税发票，计算各个税(费)种的应纳税额，根据企业业务资料填制各个税种纳税申报表及相关附表；

(2)能进行报表的打印、装订、归档保管；

(3)能操作基本办公软件、会计信息化软件；

(4)能根据企业的涉税事项情况与税务部门进行沟通，了解税务管理的最新要求；

(5)能与时俱进学习税收政策，进行一定的纳税管理、纳税筹划；

(6)能通过专业网站寻找、更新政策法规、制度、文件、通知、指南。

(三)素质目标

(1)培养依法办理涉税事务、依法按时纳税的理念；

(2)培养敬业精神、团队合作能力和良好的职业道德修养；

(3)树立税收风险意识，养成关注国家税收政策变化的习惯。

(四)证书目标

培养学生能够运用所学的专业知识独立、正确解决实际工作中遇到的涉税业务疑难问题。同时考取与财税相关的各类证书,如初级会计师证、初级经济师证、税务师证、行业CMAC证书、"1+X"个税计算职业技能等级证书。

二、课程内容

本课程主要内容包括适应经济发展、产业升级和技术进步,按照职业岗位任务需要的知识、能力、素质要求,以及职业资格标准进行的课程教学内容;遵循学生职业能力培养的基本规律,整合、序化的教学内容;教、学、做结合,理实一体化教学内容等情况。课程内容一览表见表1-1-1。

表 1-1-1　课程内容一览表

项目	任务	实训内容	应达到的知识、技能素质要求	成果
税收基础	企业纳税申报工作流程认知	1. 企业纳税基础 2. 企业涉税事项 3. 认知并管理发票	1. 理解税收相关概念 2. 理解税务会计岗位设置及工作内容 3. 熟悉税务登记制度 4. 理解纳税申报、减免税申报 5. 能根据经济业务判断税收种类 6. 能简单阐述我国税法的构成要素 7. 能办理税务登记 8. 能阐述纳税申报的流程和内容 9. 掌握发票相关的基本知识 10. 能分析、判断发票的真伪	理解税收基础常识
增值税	1. 发票领用	1. 金税盘发行 2. 金税盘安装、调试、配置、使用 3. 发票领购	1. 熟悉增值税专用发票及增值税普通发票的管理制度和基本知识 2. 会进行金税盘的发行 3. 了解发票领购的方法与流程 4. 会进行发票领购	发票领购成功
	2. 增值税发票填开及网上抄报税	1. 发票填开 2. 发票查询 3. 发票作废 4. 发票打印 5. 抄报税及清卡	1. 熟悉增值税防伪税控开票系统操作流程 2. 掌握增值税防伪开票系统操作时的注意事项 3. 熟悉非征期抄报税、征期抄报税两种方式的差别及注意事项 4. 掌握传统抄报税与网上抄报税两种方式的差异及注意事项 5. 掌握增值税发票网上抄报税系统操作时的注意事项	1. 按要求购买空白增值税专用发票、开具增值税专用发票及增值税普通发票 2. 完成征期抄报税、非征期抄报税,将报税成功标志读入金税盘
	3. 增值税发票勾选认证	1. 辨别可认证勾选增值税发票 2. 进行增值税发票勾选认证	1. 理解增值税进项税额抵扣政策 2. 会进行增值税发票勾选认证	增值税发票勾选认证结果查询表

续表

项目	任务	实训内容	应达到的知识、技能素质要求	成果
增值税	4. 增值税及附加税纳税实务	1. 认知增值税及附加税 2. 计算增值税及附加税 3. 计算增值税及附加税出口退(免)税 4. 增值税及附加税纳税申报	1. 理解我国增值税基本制度 2. 掌握现行增值税征税范围及适用税率(征收率) 3. 掌握增值税一般计税方法和简易计税方法 4. 掌握城市维护建设税、教育费附加及地方教育附加的计算 5. 掌握增值税及附加税出口退(免)税的计算 6. 能根据企业发生的经济业务填写增值税纳税申报表 7. 能进行增值税及附加税纳税申报	1. 增值税及附加税实训报告封面 2. 增值税及附加税纳税申报主表及其附表 3. 完成增值税及附加税纳税申报税款缴纳
企业所得税	企业所得税月(季)度、企税年度汇算清缴申报	1. 认知企业所得税 2. 计算企业所得税 3. 企业所得税纳税申报	1. 理解企业所得税基本概念 2. 熟悉企业所得税征税范围及税率 3. 掌握不同企业所得税纳税人的应纳税额计算方法 4. 掌握企业所得税月(季)度预缴纳税申报表、企业所得税年度纳税申报表及相关附表的填报 5. 能根据经济业务进行企业所得税判断 6. 能熟练填制企业所得税纳税申报表 7. 能填制企业所得税月(季)度预缴纳税申报表、企业所得税年度纳税申报表及相关附表	1. 企业所得税实训报告封面 2. 企业所得税月(季)度预缴纳税申报表 3. 企业所得税年度纳税申报表及相关附表 4. 完成企业所得税纳税申报税款缴纳
个人所得税	自然人税收管理	1. 认知个人所得税 2. 计算个人所得税 3. 个人所得税纳税申报	1. 理解个人所得税基本概念 2. 掌握个人所得税征税范围及税率 3. 掌握不同所得项目的个人所得税计算 4. 掌握个人所得税纳税申报基本知识 5. 能根据经济业务进行个人所得税判断 6. 能针对发生的经济业务计算个人所得税 7. 能完成个人所得税扣缴纳税申报表的填制并进行纳税申报 8. 能完成个人所得税年度综合所得汇算清缴	1. 个人所得税实训报告封面 2. 个人所得税扣缴申报纳税申报表 3. 个人所得税年度综合所得汇算清缴相关报表 4. 完成个人所得税纳税申报税款缴纳

续表

项目	任务	实训内容	应达到的知识、技能素质要求	成果
消费税	消费税及附加税纳税申报	1. 认知消费税及附加税 2. 计算消费税及附加税 3. 消费税及附加税出口退(免)税的计算 4. 消费税及附加税纳税申报	1. 掌握消费税的含义、税目税率等税收要素 2. 掌握消费税及附加税纳税申报流程 3. 能根据各种经济业务进行消费税判断 4. 能准确计算消费税 5. 能准确计算城市维护建设税、教育费附加及地方教育附加的计算 6. 掌握消费税及附加税出口退(免)税的计算 7. 能熟练填制消费税及附加税纳税申报表并进行纳税申报	1. 消费税及附加税实训报告封面 2. 消费税及附加税纳税申报主表及其附表 3. 完成消费税及附加税纳税申报税款缴纳
财务报表	财务报表申报	1. 一般企业财务报表 2. 小企业财务报表	掌握财务报表的编制方法	1. 资产负债表 2. 利润表 3. 所有者权益表
小税种	残疾人就业保障金缴费、印花税、土地增值税申报、附加税、地方教育附加税(费)等税种申报	1. 小税种的账务处理 2. 13类税种的应纳税额计算 3. 印花税、城建税等小税种纳税申报 4. 税款缴纳 5. 纳税更正与作废	1. 掌握印花税、城建税、资源税等13类小税种概念、特点、税率、计算及申报 2. 13类税种的税收优惠 3. 13类税种的纳税期限及纳税地点	1. 小税种实训报告封面 2. 小税种纳税申报主表及其附表 3. 完成小税种申报税款缴纳
纳税评估	纳税评估	1. 查阅行企背景资料 2. 了解企业基本信息、经营情况、业务说明图、工艺流程 3. 查看财务报表、纳税申报表 4. 历年数据比对,进行案头分析 5. 风险点判断,结论预估 6. 风险特征分析 7. 风险信息排除确认 8. 风险应对策略制定 9. 出具企业纳税评估报告 10. 案例点评	1. 理解纳税评估概念、原理 2. 了解税收三期风险管理系统 3. 掌握纳税评估通用及分税种特定分析指标运用 4. 了解各评估指标大类、涉及行业、数据来源、指标含义 5. 掌握评估指标计算公式、政策依据、应对经验 6. 具备行业特点、现状、趋势调研能力 7. 具备财务报表、纳税申报表对比分析能力 8. 能运用各类评估指标进行风险点判断 9. 能运用各类指标进行风险特征分析 10. 能运用各类指标进行风险信息排除及确认 11. 能对风险进行合理的策略制定 12. 能出具企业年度纳税评估报告	纳税评估报告

续表

项目	任务	实训内容	应达到的知识、技能素质要求	成果
纳税筹划	纳税筹划	1. 纳税筹划定向复盘、随机复盘 2. 行企背景资料查阅 3. 根据案例指引进行筹划空间排查 4. 筹划风险点剔除 5. 确认筹划思路、方法，以及筹划方案设计 6. 针对每个筹划方案进行筹划过程设计，得出筹划结论并确认方案 7. 出具企业纳税筹划报告 8. 筹划策略实施	1. 掌握纳税筹划的概念、特点、分类、目标、原则、产生的原因和实施条件、影响因素 2. 纳税筹划的实施流程、积极作用 3. 纳税筹划的基本方法、切入点 4. 利用税收优惠政策筹划法 5. 企业组织形式筹划法 6. 投资结构优化组合筹划法 7. 增值税、企业所得税、消费税等纳税人的纳税税收、计税依据、税率、税收优惠筹划 8. 掌握筹划方案设计方法 9. 能进行筹划方案确认和实施 10. 可出具合法合规合理的企业纳税筹划报告	纳税筹划报告

三、教学模式

课程组成员经过多年的学习、探索、研讨与实践，广泛吸收行业企业和优秀同行的意见，根据学生的认知特点，总结出了"一体三融合"教学模式。"一体"是指根据每个工作项目采集真实的工作案例，设置工作情境，通过情境案例、情境实战演练、学习性工作任务等方式实现"教、学、做"的同步进行，融"教、学、做"于一体；单项目理论学习与单项目仿真实训相融合，手工纳税申报综合仿真实训与网上纳税申报综合仿真实训相融合，校内仿真实训与校外全真顶岗实习相融合的教学模式。"三融合"模式中设计的单项目理论学习、单项目仿真实训、手工纳税申报综合仿真实训、网上纳税申报综合仿真实训、校外全真顶岗实习这五个环节，层层推进，环环相扣，将校内仿真工作情境与校外真实工作场景有机融合，充分体现了本课程的实践性，真正实现"理实一体，学做合一"。

四、教学方法

1. 课堂研讨法——提升自学和独立思考能力

对于理论知识的学习，教师提前安排预习内容和问题，以学生个人准备为前提，小组讨论为基础。课上采取教师与学生共同研讨问题，各自发表个人见解，最后由教师总结归纳的方式，达成学习目标。

2. 案例教学法——掌握基础知识

将典型工作项目分解为具体的工作任务，通过教师对企业实际工作中纳税申报典型案例的分析，学生训练从实际操作入手，培养学生的实际应用能力。

3. 模拟实训法——模拟现实场景

基于税务核算和申报的性质与特点，按照"校内为主、校外为辅"的实践教学原则，加强校内实训；在每个项目的学习结束后，进行单项目仿真实训；在全部课程结束后，进行集中综合仿真实训；在实训过程中模拟现实场景，实现"工学结合"。

4. 微课程教学法——吸引学生学习兴趣

智能财税实训课程根据知识点划分，制作 90 余个短视频，帮助学生更好地理解和记忆知识点，且更快熟悉相关知识点。

5. 顶岗实习法——理实一体，学做合一

课程学习之初，到相关企业单位感受职场氛围，熟悉企业纳税实务的整个工作流程，进行见习，完成一次职场真实体验；课程学习完毕后，再利用某一学期，配合本课程校内实训，充分利用校外实训基地，实行校外顶岗实习，全方位培养、锻炼学生的动手操作能力，真正实现"理实一体，学做合一"。

任务二　课程组织

一、税务实训课程授课安排表

可根据人才培养方案课时要求设置 16 课时、32 课时、72 课时三种授课计划，见表 1-2-1。

表 1-2-1　课程计划表

税务实训课程授课安排表（16 课时）							
税种	纳税模块		案例名称	行业	难易度	案例选择	课时安排
增值税	增值税防伪税控开票	1	V3.8 增值税防伪税控开票实训教学案例01		易	2	4
		2	V3.8 增值税防伪税控开票实训教学案例02		易		
	一般纳税人附加税网上申报	1	V3.8 一般纳税人增值税及附加费网上申报教学版案例01	制造业	易	3	8
		2	V3.8 一般纳税人增值税及附加费网上申报教学版案例02	灯具制造业	中		
		3	V3.8 一般纳税人增值税及附加费网上申报教学版案例03	商品流通企业	易		
		4	V3.8 一般纳税人增值税及附加费网上申报教学版案例04	广告业	易		
		5	V3.8 一般纳税人增值税及附加费网上申报教学版案例05	商品流通企业	中		
		6	V3.8 一般纳税人增值税及附加费网上申报教学版案例06	商品流通企业	中		
		7	V3.8 一般纳税人增值税及附加费网上申报教学版案例07	建筑业	难		

续表

税种	纳税模块		案例名称	行业	难易度	案例选择	课时安排
个人所得税	自然人税收管理系统	1	V3.8自然人税收管理扣缴端(原个税)申报实训系统教学版案例01	教育行业	易	2	4
		2	V3.8自然人税收管理扣缴端(原个税)申报实训系统教学版案例02	教育行业	中		
		3	V3.8自然人税收管理扣缴端(原个税)申报实训系统教学版案例03	教育行业	中		
		4	V3.8自然人税收管理扣缴端(原个税)申报实训系统教学版案例04	教育行业	中		
		5	V3.8自然人税收管理扣缴端(原个税)申报实训系统教学版案例05	教育行业	中		
		6	V3.8自然人税收管理扣缴端(原个税)申报实训系统教学版案例06	软件行业	中		
		7	V3.8自然人税收管理扣缴端(原个税)申报实训系统教学版案例07	信息技术行业	难		
		8	V3.8自然人税收管理扣缴端(原个税)申报实训系统教学版案例08	证券行业	中		
		9	V3.8自然人税收管理扣缴端(原个税)申报实训系统教学版案例09	软件行业	难		
合计课时						16	

税务实训课程授课安排表(32课时)

税种	纳税模块		案例名称	行业	难易度	案例选择	课时安排
增值税	增值税防伪税控开票	1	V3.8增值税防伪税控开票实训教学案例01	建筑业	易	2	4
		2	V3.8增值税防伪税控开票实训教学案例02	建筑业	易		
	一般纳税人附加税网上申报	1	V3.8一般纳税人增值税及附加税费网上申报教学版案例01	制造业	易	3	4
		2	V3.8一般纳税人增值税及附加费网上申报教学版案例02	灯具制造业	中		
		3	V3.8一般纳税人增值税及附加费网上申报教学版案例03	商品流通企业	易		
		4	V3.8一般纳税人增值税及附加费网上申报教学版案例04	广告业	易		
		5	V3.8一般纳税人增值税及附加费网上申报教学版案例05	商品流通企业	中		
		6	V3.8一般纳税人增值税及附加费网上申报教学版案例06	商品流通企业	中		
		7	V3.8一般纳税人增值税及附加费网上申报教学版案例07	建筑业	难		

续表

税种	纳税模块		案例名称	行业	难易度	案例选择	课时安排
增值税	发票选择确认	1	V3.8增值税发票综合服务平台实训系统教学案例01	软件业	易	2	2
		2	V3.8增值税发票综合服务平台实训系统教学案例02	软件业	易		
	小规模纳税人附加税网上申报	1	V3.8小规模纳税人增值税及附加税费网上申报教学版案例01—季度	商品流通企业	易	3	4
		2	V3.8小规模纳税人增值税及附加税费网上申报教学版案例01—月度	商品流通企业	中		
		3	V3.8小规模纳税人增值税及附加税费网上申报教学版案例03—月度	商品流通企业	中		
		4	V3.8小规模纳税人增值税及附加税费网上申报教学版案例04—月度	商品流通企业	中		
		5	V3.8小规模纳税人增值税及附加税费网上申报教学版案例05—月度	商业	易		
		6	V3.8小规模纳税人增值税及附加税费网上申报教学版案例06—月度	商品流通企业	中		
		7	V3.8小规模纳税人增值税及附加税费网上申报教学版案例07—季度	餐饮业	易		
		8	V3.8小规模纳税人增值税及附加税费网上申报教学版案例08—季度	建筑业	难		
		9	V3.8小规模纳税人增值税及附加税费网上申报教学版案例09—季度	商品流通企业	难		
消费税	烟类附加消费税	1	V3.8烟类消费税及附加税费网上申报教学版案例01	烟类制造业	易	1	2
企业所得税	企税核定汇算清缴	1	V3.8企业所得税核定征收年度（B类）网上申报教学版案例01	制造业	易	2	8
		2	V3.8企业所得税核定征收年度（B类）网上申报教学版案例02	制造业	易		
		3	V3.8企业所得税年度（A类）网上申报教学版案例03	软件行业	难		
个人所得税	自然人税收管理系统	1	V3.8自然人税收管理扣缴端（原个税）申报实训系统教学版案例01	教育行业	易	2	4
		2	V3.8自然人税收管理扣缴端（原个税）申报实训系统教学版案例02	教育行业	中		
		3	V3.8自然人税收管理扣缴端（原个税）申报实训系统教学版案例03	教育行业	中		

续表

税种	纳税模块		案例名称	行业	难易度	案例选择	课时安排
个人所得税	自然人税收管理系统	4	V3.8自然人税收管理扣缴端（原个税）申报实训系统教学版案例04	教育行业	中	2	4
		5	V3.8自然人税收管理扣缴端（原个税）申报实训系统教学版案例05	教育行业	中		
		6	V3.8自然人税收管理扣缴端（原个税）申报实训系统教学版案例06	软件行业	中		
		7	V3.8自然人税收管理扣缴端（原个税）申报实训系统教学版案例07	信息技术行业	难		
		8	V3.8自然人税收管理扣缴端（原个税）申报实训系统教学版案例08	证券行业	中		
		9	V3.8自然人税收管理扣缴端（原个税）申报实训系统教学版案例09	软件行业	难		
合计课时							32

税务实训课程授课安排表（72课时）

税种	纳税模块		案例名称	行业	难易度	案例选择	课时安排
增值税	增值税防伪税控开票	1	V3.8增值税防伪税控开票实训教学案例01		易	2	4
		2	V3.8增值税防伪税控开票实训教学案例02		易		
	一般纳税人附加税网上申报	1	V3.8一般纳税人增值税及附加费网上申报教学版案例01	制造业	易	3	6
		2	V3.8一般纳税人增值税及附加费网上申报教学版案例02	灯具制造业	中		
		3	V3.8一般纳税人增值税及附加费网上申报教学版案例03	商品流通企业	易		
		4	V3.8一般纳税人增值税及附加费网上申报教学版案例04	广告业	易		
		5	V3.8一般纳税人增值税及附加费网上申报教学版案例05	商品流通企业	中		
		6	V3.8一般纳税人增值税及附加费网上申报教学版案例06	商品流通企业	中		
		7	V3.8一般纳税人增值税及附加费网上申报教学版案例07	建筑业	难		
	发票选择确认	1	V3.8增值税发票综合服务平台实训系统教学案例01	软件业	易	2	2
		2	V3.8增值税发票综合服务平台实训系统教学案例02	软件业	易		

续表

税种	纳税模块		案例名称	行业	难易度	案例选择	课时安排
增值税	小规模纳税人附加税网上申报	1	V3.8 小规模纳税人增值税及附加税费网上申报教学版案例01—季度	商品流通企业	易	3	4
		2	V3.8 小规模纳税人增值税及附加税费网上申报教学版案例01—月度	商品流通企业	中		
		3	V3.8 小规模纳税人增值税及附加税费网上申报教学版案例03—月度	商品流通企业	中		
		4	V3.8 小规模纳税人增值税及附加税费网上申报教学版案例04—月度	商品流通企业	中		
		5	V3.8 小规模纳税人增值税及附加税费网上申报教学版案例05—月度	商业	易		
		6	V3.8 小规模纳税人增值税及附加税费网上申报教学版案例06—月度	商品流通企业	中		
		7	V3.8 小规模纳税人增值税及附加税费网上申报教学版案例07—季度	餐饮业	易		
		8	V3.8 小规模纳税人增值税及附加税费网上申报教学版案例08—季度	建筑业	难		
		9	V3.8 小规模纳税人增值税及附加税费网上申报教学版案例09—季度	商品流通企业	难		
消费附加税	烟类消费税	1	V3.8 烟类消费税及附加税费网上申报教学版案例01	烟类制造业	易	4	4
	酒类消费税	2	V3.8 酒类消费税及附加税费网上申报教学版案例02	酒制造行业	易		
	小汽车消费税	3	V3.8 小汽车消费税及附加税费网上申报教学版案例03	汽车行业	易		
	成品油消费税	4	V3.8 成品油消费税及附加税费网上申报教学版案例04	成品油行业	易		
	卷烟批发消费税	5	V3.8 卷烟消费税及附加税费网上申报教学版案例05	卷烟批发行业	易		
	电池消费税	6	V3.8 电池消费税及附加税费网上申报教学版案例06	电池行业	易		
	涂料消费税	7	V3.8 涂料消费税及附加税费网上申报教学版案例07	涂料行业	易		
	其他	8	V3.8 其他消费税及附加税费网上申报教学版案例08	化妆品行业	易		

续表

税种	纳税模块		案例名称	行业	难易度	案例选择	课时安排
企业所得税	企税核定汇算清缴	1	V3.8企业所得税核定征收年度（B类）网上申报教学版案例01	制造业	易	2	8
		2	V3.8企业所得税核定征收年度（B类）网上申报教学版案例02	制造业	易		
		3	V3.8企业所得税年度（A类）网上申报教学版案例03	软件行业	难		
	企业所得税季度申报	1	V3.8企业所得税季度（A类）网上申报教学版案例01	软件行业	易	2	2
		2	V3.8企业所得税季度（A类）网上申报教学版案例02	软件行业	易		
		3	V3.8企业所得税季度（A类）网上申报教学版案例03	软件行业	中		
		4	V3.8企业所得税季度（A类）网上申报教学版案例04	软件行业	难		
	企税分支机构申报	1	V3.8企业所得税季度（A类分支机构）网上申报教学版案例01		易	1	2
	企税核定汇算清缴	1	V3.8企业所得税核定征收年度（B类）网上申报教学版案例01	制造业	易	1	4
		2	V3.8企业所得税核定征收年度（B类）网上申报教学版案例02	制造业	易		
	企税核定月（季）报	1	V3.8企业所得税月度（B类）网上申报教学版案例01	批发业	易	2	2
		2	V3.8企业所得税月度（B类）网上申报教学版案例02	修理修配业	易		
		3	V3.8企业所得税月度（B类）网上申报教学版案例03	修理修配业	易		
	金融保险企税申报	1	V3.8金融企业所得税年报教学版案例01	金融业	中	1	2
	事业单位企税申报	1	V3.8事业单位企业所得税年度实训案例01	事业单位	易		
个人所得税	自然人税收管理系统	1	V3.8自然人税收管理扣缴端（原个税）申报实训系统教学版案例01	教育行业	易	4	6
		2	V3.8自然人税收管理扣缴端（原个税）申报实训系统教学版案例02	教育行业	中		
		3	V3.8自然人税收管理扣缴端（原个税）申报实训系统教学版案例03	教育行业	中		

续表

税种	纳税模块		案例名称	行业	难易度	案例选择	课时安排
个人所得税	自然人税收管理系统	4	V3.8自然人税收管理扣缴端（原个税）申报实训系统教学版案例04	教育行业	中	4	6
		5	V3.8自然人税收管理扣缴端（原个税）申报实训系统教学版案例05	教育行业	中		
		6	V3.8自然人税收管理扣缴端（原个税）申报实训系统教学版案例06	软件行业	中		
		7	V3.8自然人税收管理扣缴端（原个税）申报实训系统教学版案例07	信息技术行业	难		
		8	V3.8自然人税收管理扣缴端（原个税）申报实训系统教学版案例08	证券行业	中		
		9	V3.8自然人税收管理扣缴端（原个税）申报实训系统教学版案例09	软件行业	难		
随征税	随征税	1	V3.8地方税（费）网上申报教学版案例01—随征税		易	2	2
		2	V3.8地方税（费）网上申报教学版案例01—随征税	制造行业	易		
		3	V3.8地方税（费）网上申报教学版案例03—随征税	广告行业	易		
财务报表	一般企业财务报表	1	V3.8一般企业财务报表报送网上申报教学版案例01		易	1	2
	小企业财务报表	2	V3.8小企业财务报表报送网上申报教学版案例01		易		
其他	附加税申报	1	V3.8城建税、教育费附加、地方教育附加（费）申报教学案例01	制造业	易	4	4
	环境保护税纳税（A类）	2	V3.8环境保护纳税申报系统A类教学版案例01		易		
	环境保护税纳税（A类）	3	V3.8环境保护纳税申报系统B类教学版案例01		易		
	房产税	4	V3.8房产税纳税申报系统教学版案例01		易		
	土地增值税	5	V3.8土地增值税申报实训系统教学案例01		易		
	城镇土地使用税	6	V3.8城镇土地使用税申报系统教学案例01		易		
	工会经费（通用）申报	7	V3.8通用申报（工会经费）申报实训系统教学案例01		易		

续表

税种	纳税模块		案例名称	行业	难易度	案例选择	课时安排
其他	印花税	8	V3.8印花税申报实训系统教学版案例01		易	4	4
	残疾人就业保障金缴费申报	9	V3.8残疾人就业保障金缴费申报实训系统教学案例01		易		
综合教学案例	开票、一般纳税人	1	V3.8纳税实务综合申报实训案例001	制造业	中	2	8
	开票、一般纳税人、财务报表、企业所得税	2	V3.8纳税实务综合申报实训案例002	饮料制造业	中		
合计课时							72

二、"1+X"个税计算课程授课安排表

本课程个人所得税模块可考取"1+X"个税计算初级、中级和高级职业技能等级证书。高职阶段个税计算初级证书考证培训可设置32学时,中级考证培训可设置48学时。个税计算技能等级证书(初级)培训课程安排见表1-2-2,个税计算技能等级证书(中级)培训课程安排见表1-2-3。

表1-2-2 个税计算技能等级证书(初级)培训课程安排

课程模块	课程安排	课程形式		教学资源	行业	课时安排
		理论	实务			
人力资源及薪酬管理	人员信息管理	√		PPT		0.5
	社会保险费用业务办理	√		PPT		1
	公积金业务办理	√		PPT		1
	其他福利费用核算	√		PPT		0.5
	薪资实务处理	√		PPT		1.5
数据维护及档案管理	自然人税收管理系统安装			PPT		0.2
	人员信息登记与采集		√	PPT/自然人税收管理扣缴端申报实训系统基础信息采集与变更教学案例01		0.4
	人员离职退休变更处理		√	PPT/自然人税收管理扣缴端申报实训系统基础信息采集与变更教学案例01		0.4
	专项附加扣除信息登记与采集	√	√	PPT/自然人税收管理扣缴端申报实训系统基础信息采集与变更教学案例01		0.5
	员工基础资料整理	√		PPT		0.5
	资料档案管理	√		PPT		0.5

续表

课程模块	课程安排	课程形式 理论	课程形式 实务	教学资源	行业	课时安排
申报资料整理	员工报销资料整理	√		PPT		1
	员工捐赠资料整理	√		PPT		1
	员工福利资料整理	√		PPT		1
综合所得实务处理	工资薪金所得实务处理	√	√	PPT/自然人税收管理扣缴端申报实训系统综合所得教学版案例01	汽车行业	1
	年终奖实务处理	√	√	PPT/自然人税收管理扣缴端申报实训系统综合所得教学版案例02	制造业	1
	解除劳动合同补偿金实务处理	√	√	PPT/自然人税收管理扣缴端申报实训系统综合所得教学版案例03	广告业	1
	劳务报酬所得实务处理	√	√	PPT/自然人税收管理扣缴端申报实训系统综合所得教学版案例04	保险业	1
	特许权使用费所得实务处理	√	√	PPT/自然人税收管理扣缴端申报实训系统综合所得教学版案例05	软件行业	1
	稿酬所得实务处理	√	√	PPT/自然人税收管理扣缴端申报实训系统综合所得教学版案例06	教育行业	0.5
	综合所得税款计算	√	√	PPT/自然人税收管理扣缴端申报实训系统综合所得教学版案例07	商品流通企业	1.5
	综合所得报送实务处理	√	√			
分类所得实务处理	利息股息红利收入实务处理	√	√	PPT/自然人税收管理扣缴端申报实训系统分类所得教学版案例01	证券行业	1
	财产租赁收入实务处理	√	√	PPT/自然人税收管理扣缴端申报实训系统分类所得教学版案例02	建筑业	1
	财产转让收入实务处理	√	√	PPT/自然人税收管理扣缴端申报实训系统分类所得教学版案例03	建筑业	1
	偶然收入实务处理	√	√	PPT/自然人税收管理扣缴端申报实训系统分类所得教学版案例04	旅游业	0.5
	分类所得报送实务处理	√	√	PPT/自然人税收管理扣缴端申报实训系统分类所得教学版案例05	批发业	1

续表

课程模块	课程安排	课程形式		教学资源	行业	课时安排
		理论	实务			
非居民所得实务处理	工资薪金所得实务处理	✓	✓	PPT/自然人税收管理扣缴端申报实训系统非居民所得教学版案例01	电池行业	1
	劳务报酬所得实务处理	✓	✓	PPT/自然人税收管理扣缴端申报实训系统非居民所得教学版案例02	化妆品行业	1
	稿酬所得实务处理	✓	✓	PPT/自然人税收管理扣缴端申报实训系统非居民所得教学版案例03	教育行业	0.5
	财产租赁所得实务处理	✓	✓	PPT/自然人税收管理扣缴端申报实训系统非居民所得教学版案例04	建筑业	1
	财产转让所得实务处理	✓	✓	PPT/自然人税收管理扣缴端申报实训系统非居民所得教学版案例05	建筑业	1
	利息股息红利所得实务处理	✓	✓	PPT/自然人税收管理扣缴端申报实训系统非居民所得教学版案例06	证券行业	1
	特许权使用费所得实务处理	✓	✓	PPT/自然人税收管理扣缴端申报实训系统非居民所得教学版案例07	软件行业	1
	偶然所得实务处理	✓	✓	PPT/自然人税收管理扣缴端申报实训系统非居民所得教学版案例08	信息技术行业	0.5
	非居民所得报送实务处理	✓	✓	PPT/自然人税收管理扣缴端申报实训系统非居民所得教学版案例09	教育行业	1
税款缴纳及手续费实务处理	三方协议缴税实务处理		✓	PPT/自然人税收管理扣缴端申报实训系统综合实训教学版案例01	教育行业	1
	查询与统计及退付手续费实务处理		✓	PPT/自然人税收管理扣缴端申报实训系统综合实训教学版案例02	软件行业	1
	退付手续费实务处理		✓	PPT		0.5
课时合计				32		

表 1-2-3 个税计算技能等级证书(中级)培训课程安排

课程模块	课程安排	课程形式		教学资源	课时安排
		理论	实务		
境外所得业务分析实务处理	居民与非居民身份划分	√	√	PPT/专项实训案例/教学视频	1
	居民个人取得境外所得业务分析实务处理	√	√	PPT/专项实训案例/教学视频	1
	非居民取得境外所得业务分析实务处理	√	√	PPT/专项实训案例/教学视频	2
其他特殊业务分析实务处理	补贴捐赠类业务分析实务处理	√	√	PPT/专项实训案例/教学视频	1
	股票类业务分析实务处理	√	√	PPT/专项实训案例/教学视频	1
	补充养老保险业务分析实务处理	√	√	PPT/专项实训案例/教学视频	1
	企业转增股本业务分析实务处理	√	√	PPT/专项实训案例/教学视频	2
	科技成果转化取得奖励业务分析实务处理	√	√	PPT/专项实训案例/教学视频	2
居民所得特殊业务实务处理	年金领取实务处理	√	√	PPT/专项实训案例/教学视频	2
	个人股权激励收入实务处理	√	√	PPT/专项实训案例/教学视频	2
	央企负责人绩效薪金延期兑现收入和任期奖励所得实务处理	√	√	PPT/专项实训案例/教学视频	2
	退休补助补偿实务处理	√	√	PPT/专项实训案例/教学视频	2
	限售股所得实务处理	√	√	PPT/专项实训案例/教学视频	2
	单位低价向职工售房实务处理	√	√	PPT/专项实训案例/教学视频	2
非居民所得特殊业务实务处理	解除劳动合同补偿金实务处理	√	√	PPT/专项实训案例/教学视频	2
	个人股权激励收入实务处理	√	√	PPT/专项实训案例/教学视频	2
	税收递延型商业养老金所得实务处理	√	√	PPT/专项实训案例/教学视频	2
生产经营所得实务处理	个体工商户经营所得实务处理	√	√	PPT/专项实训案例/教学视频	4
	个人独资企业经营所得实务处理	√	√	PPT/专项实训案例/教学视频	4
	合伙企业经营所得实务处理	√	√	PPT/专项实训案例/教学视频	1
	经营所得申报及更正	√	√	PPT/专项实训案例/教学视频	1
个人所得税汇算清缴与集中申报	年度汇算清缴材料准备	√	√	PPT/专项实训案例/教学视频	2
	年度汇算清缴办理	√	√	PPT/专项实训案例/教学视频	3
	集中申报委托办理	√	√	PPT/专项实训案例/教学视频	4
课时合计	48				

项目二

实训前准备

任务一　软件安装与卸载

一、机房环境

开课前先调试机房环境，满足授课条件的机房环境配置见表2-1-1。

表 2-1-1　机房环境配置

序号	计算机与检查确认项目	确认标准
1	计算机健康状况	
2	CPU	Intel i5 四核及同等以上配置
3	内存	8 GB 及以上
4	硬盘	计算机至少有两个盘符，即C盘、D盘，可使用空间在300 GB以上
5	网络	软件使用全程联外网，须保证带宽下载速度在100 M及以上，上行速度在50 M以上
6	还原卡	重启不还原
7	浏览器	要求安装ie 11版本浏览器
8	计算机操作系统	Windows 10（Windows 10 系统必须关闭 Windows Defender 防火墙）

二、安装检测

1. 获取安装包途径

通过下载路径：http://www.caidao8.com下载，该安装包有1.6 GB左右，注意下载完成后解压安装。

备注：请按照软件要求安装且需要满足以下三个条件。

(1)必须先完全卸载旧版本再安装新版本。

(2)安装最新版本。

(3)压缩包完全下载好并一定要先解压，在解压出来的文件夹内找到安装程序进行安装。

2. 安装前注意事项

(1)退出所有杀毒软件。

(2)关闭计算机还原系统,确认数据保存状态。

(3)软件运行必须连接外网。

3. 安装保存路径

根据各机房实际管理确定,建议安装保存在 D 盘。

4. 安装后检测

软件安装完成之后,查看是否能正常打开软件,若不能打开,检查网络连接是否正常,并检查服务器地址是否为 http://www.caidao8.com,如图 2-1-1 所示。

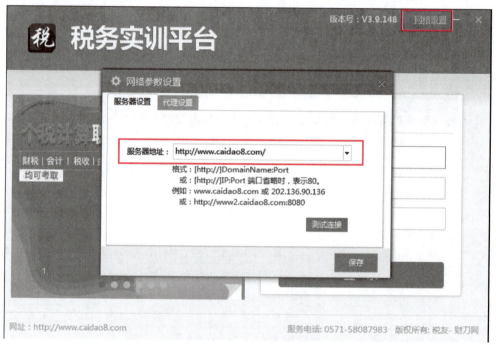

图 2-1-1　机房环境配置

三、软件安装与卸载

1. 软件安装

(1)未安装过税务平台。收到安装包一般为压缩包形式,需要将压缩包完全解压后,在解压生成的文件中找到 Install 安装程序再进行安装,安装前如计算机装有 360、电脑管家等杀毒软件需要先退出杀毒软件再进行安装。安装步骤如下。

第一步:解压软件安装包,如图 2-1-2 所示。

第二步:退出 360、电脑管家等杀毒软件,如图 2-1-3 所示。

第三步:双击解压好的安装包进行软件安装,选中 InstallSxpt.exe 应用程序进行安装,如图 2-1-4、图 2-1-5 所示。

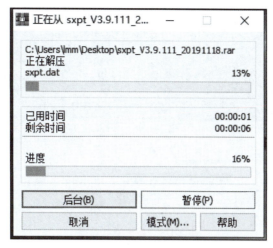

图 2-1-2　解压软件安装包

图 2-1-3　退出 360、电脑管家等杀毒软件

名称	修改日期	类型	大小
Files	2022/5/23 12:10	文件夹	
foxRuntime	2022/5/22 9:07	文件夹	
images	2022/5/22 9:07	文件夹	
Plugins	2022/5/22 9:07	文件夹	
style	2021/5/11 8:48	文件夹	
InstallSxpt	2021/8/25 16:20	应用程序	12,418 KB

图 2-1-4　InstallSxpt.exe 应用程序

图 2-1-5　系统检测界面

第四步：待进度到 100% 时，出现安装界面，可选择磁盘位置，默认为 D 盘，单击"立即安装"按钮进行软件安装，选择"普通版本"，单击"继续安装"按钮，显示安装完成，单击"快速启动"按钮后，可进入平台进行实训操作，如图 2-1-6～图 2-1-8 所示。

图 2-1-6　税务实训平台安装

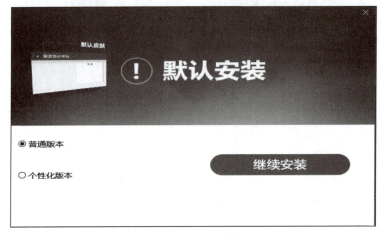

图 2-1-7　默认安装界面

图 2-1-8　安装完成界面

（2）升级税务实训平台。如果机房已经安装过软件，现需要进行软件升级，首先需要卸载软件（软件卸载可参考下一部分），再进行软件安装，软件安装可参考上一部分。

2. 软件卸载

第一步：进入计算机系统中卸载，如图 2-1-9 所示。

图 2-1-9　系统卸载

第二步：卸载完成。防止软件卸载不完全、软件安装有问题，可检查 C 盘或 D 盘（安装软件所在磁盘位置）中是否有 ServYou、sxpt 两个文件，如有则删除；如删除不掉，用 360 等软件粉碎掉，再安装（该步骤并非必要操作事项，如软件安装后出现问题可进行此步骤），如图 2-1-10、图 2-1-11 所示。

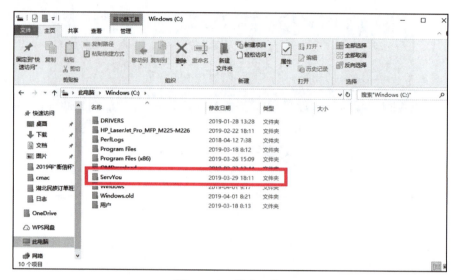

图 2-1-10　检查 C 盘

图 2-1-11　检查 D 盘

四、机房同传

1. 物理同传

选择一台计算机，解除还原系统，安装软件并进行测试。确认软件安装没有问题，该计算机作为母机，进行软件同传。计算机解除还原，同传需要机房管理员配合。税务实训平台任课教师在课程开始前需要与机房管理员进行沟通协调，完成软件安装。

2. 云桌面

将软件安装在服务器系统模板，由服务器发送系统模板进行同传。

任务二　教师端系统操作

一、教师账号创建

1. 获取授权码

每个学校会开设专属平台，对应学校编码、授权码，平台开通后，与本校负责项目经理进行联系获取，如图 2-2-1 所示（仅作举例说明）。

2. 注册教师账号

首次使用平台时，需要使用授权码进行教师账号注册。步骤如下：教师端单击"注册"按钮，弹出注册界面，输入学校编码、授权码及验证码后单击"下一步"按钮，然后输入注册手机号（后面登录所使用的用户名），获取短信验证码后并输入，单击"立即注册"按钮，即可注册成功，如图 2-2-2～图 2-2-4 所示。

图 2-2-1　学校编码、授权码

图 2-2-2　教师端注册

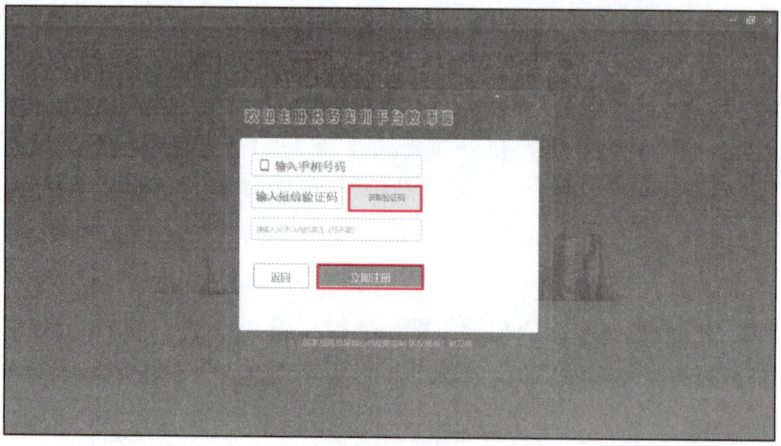

图 2-2-3　获取验证码

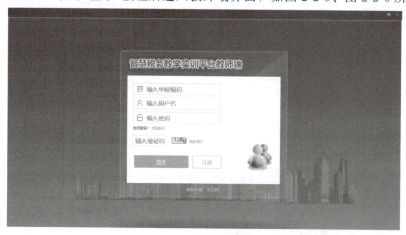

图 2-2-4　注册成功界面

3. 教师端登录

登录界面，输入学校编码、用户名（注册时使用的手机号码）、密码（默认密码为 123456）及验证码，单击"登录"按钮后进入教师端界面，如图 2-2-5、图 2-2-6 所示。

图 2-2-5　教师端登录

图 2-2-6　教师端登录成功

二、班级创建与管理

1. 班级创建

登录教师端后，单击"教学管理平台"→"班级管理"按钮进行班级新增，输入创建班级名称，单击"确认"按钮，即可创建成功，如图 2-2-7～图 2-2-10 所示。

图 2-2-7　教学管理平台

图 2-2-8　班级管理

图 2-2-9 班级新增

图 2-2-10 输入班级名称

2. 班级名称修改

如班级信息有误，单击"修改"按钮，输入正确的名称，单击"确认"按钮后可对班级名称进行修改，如图 2-2-11 所示。

图 2-2-11　班级名称修改

3. 班级开启、关闭

班级创建后默认开启状态，教师也可根据教学管理需求，进行关闭锁定或再次开启，如图 2-2-12 所示。

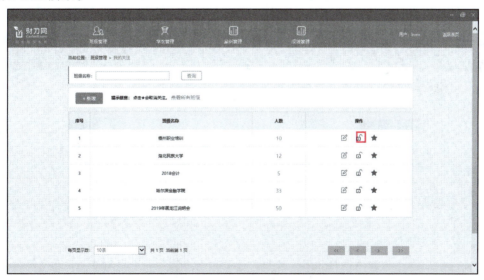

图 2-2-12　班级开启、关闭

4. 班级取消关注

教师使用自己的账号，创建班级后默认为关注状态。待课程完毕后，教师可根据自己需要取消关注，相当于删除班级；也可通过查看所有班级找到班级，再次关注（发布案例、成绩管理主要是针对已关注的班级），如图 2-2-13 所示。

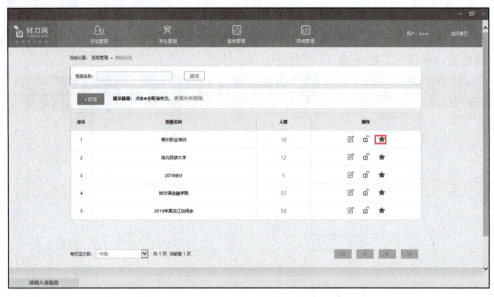

图 2-2-13　班级取消关注

三、账号创建方式

1. 账号新增

单击"学生管理"→"新增"按钮，对学号、姓名、所在班级进行添加且可以对相应模块进行勾选，并进行学生账号新增，如图 2-2-14、图 2-2-15 所示。

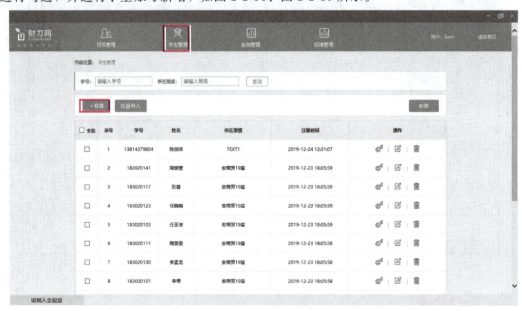

图 2-2-14　学生管理

图 2-2-15　账号新增

2．账号批量注册

单击"学生管理"→"批量导入"按钮，下载表格模板。在模板中添加学号、姓名、所在班级，完成并保存后关闭文档。通过浏览选中模板且提交即可批量注册学生账号，如图 2-2-16、图 2-2-17 所示。

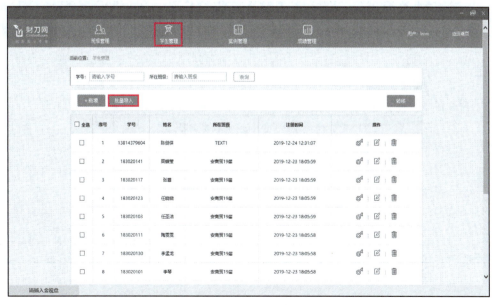

图 2-2-16　学生管理

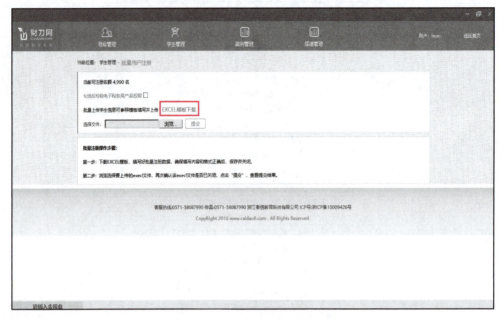

图 2-2-17　账号批量注册

3. 密码重置

如果学生忘记自己的密码，教师可以通过"重置密码"按钮进行密码重置，重置后密码为 123456。为防止学生忘记密码，不建议学生修改原始密码，就以默认的 123456 即可，如图 2-2-18、图 2-2-19 所示。

图 2-2-18　密码重置

图 2-2-19　密码重置提示

4. 账号状态修改

如果账号目前只授权了税务产品，可以通过"修改"按钮给该账号进行其他模块授权，如图 2-2-20 所示。

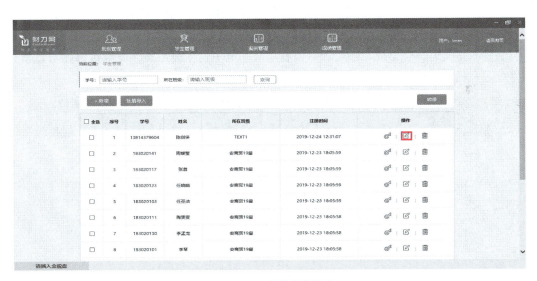

图 2-2-20　账号状态修改

5. 账号删除

账号注册后,学生未登录使用前可以删除,登录使用后则无法删除,如图 2-2-21 所示。

图 2-2-21 账号删除

四、案例管理与系统选择

1. 模块系统选择

在发布案例时,会出现税务实训、税收风险、电子税务局三类,教师可根据自己所使用系统,在相应平台选择案例发布,如图 2-2-22 所示。

图 2-2-22 模块系统选择

2. 案例类型选择

(1) 税务实训。选择"案例管理"→"税务实训"→"发布案例",对于所属系统、案例名称、案例难易度及案例类型,根据教学计划,进行条件选择查询,发布适合教学案例(注意:所属系统是首要选择步骤,选中系统后单击"查询"按钮显示对应系统案例),如图 2-2-23、图 2-2-24 所示。

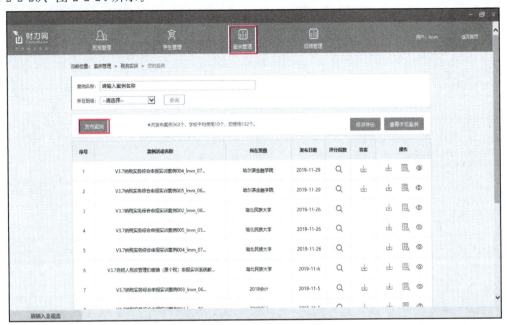

图 2-2-23　税务实训发布案例

图 2-2-24　税务实训查询案例

(2)税收风险。选择税收风险,单击"发布案例"按钮,对于案例名称、所属行业、所属税种、会计科目及涉及指标可根据教学计划,可进行条件选择查询,拖动滚动条到下方,单击"发布"按钮,发布适合教学案例,如图2-2-25~图2-2-28所示。

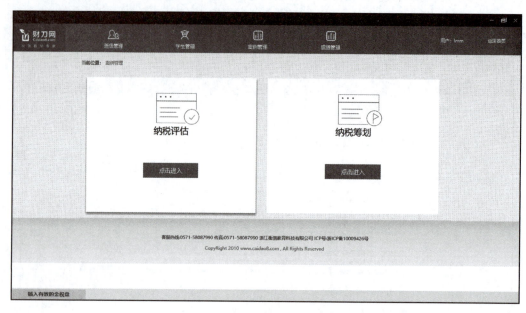

图2-2-25 选择税收风险

图2-2-26 单击"发布案例"按钮

图 2-2-27 进行条件选择查询

图 2-2-28 单击"发布"按钮

（3）电子税务局。选择"案例管理"→"电子税务局"→"发布案例"，进行单项案例、综合案例选择后，根据所属产品、案例名称、难易度查询后进行选择（所属产品是首要及必要选择项目），如图 2-2-29、图 2-2-30 所示。

图 2-2-29　选择电子税务局发布案例

图 2-2-30　进行单项案例、综合案例选择

3. 案例难易度选择

教师可以根据班级学生学习情况及接受能力进行案例难易度选择,并进行相应发布,如图 2-2-31 所示。

图 2-2-31　选择案例难易度

4. 案例下载与答案查看

教师可以在教师端通过案例下载了解案例内容，同时，可以查看教师端配备详细答案进行备课，如图 2-2-32 所示。

图 2-2-32　案例下载与答案查看

5. 评分指标查看

教师可以查看评分指标，了解本套案例的指标内容与评分点，如图 2-2-33 所示。

图 2-2-33　查看评分指标

6. 测评模式

实训课程结束，教师可以设置测评模式，即评分看不到具体分数，成绩查询无法查看正确答案，适用于期中/期末考核测评，如图 2-2-34 所示。

图 2-2-34　测评模式

7. 复盘选案封闭开放模式

教师对纳税评估、筹划教学系统复盘选案的答案进行设置。设置封闭模式后，学生做完复盘选案的案例后看不到正确答案，开放模式则可以看到，仅支持对全部班级设置，如图 2-2-35 所示。

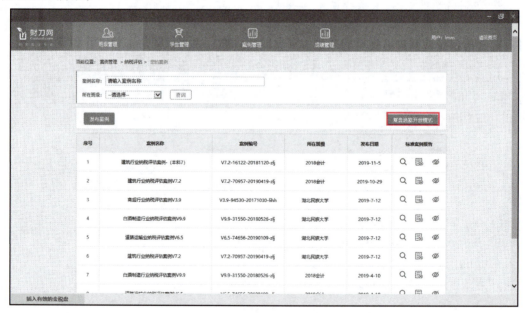

图 2-2-35　复盘选案封闭开放模式

8. 随堂练成绩查看

纳税筹划教学系统教师可根据上课内容设置学生作答后的随堂练成绩。教师可以查看每个班级在纳税筹划章节练习部分每个章节的题目数、做题情况、平均得分和总分、正答率，如图 2-2-36 所示。

图 2-2-36　查看随堂练成绩

9. 案例传递

教师可以通过教师端案例下载功能，将案例下载，使用学校控制系统（极域系统等）将案例下发到学生机或学生端，学生也可通过案例下载功能直接下载。

10. 备课自测

建议教师在上课前，针对所要上课的内容备课，且将案例在相应学生端子系统实训操作，评分至满分。

五、成绩管理与系统选择

1. 成绩查询与导出

针对教师教学的模块进行模块成绩选择，查看学生评分成绩且支持成绩一键表格导出，如图 2-2-37～图 2-2-39 所示。

图 2-2-37　模块成绩选择

图 2-2-38　成绩查询

图 2-2-39　导出成绩

对于学生完成实训的历史成绩支持一键表格导出，可通过"所在班级""案例名称""学号""姓名"等条件检索后导出，如图 2-2-40 所示。

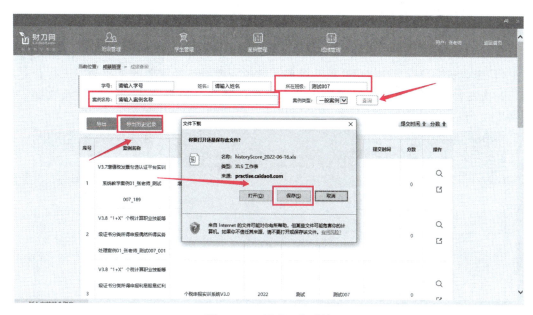

图 2-2-40 导出历史成绩

2. 成绩分析与报告

选择所要查询班级及案例，对整个班级的实训成绩进行统计分析。查看每个班级每个案例的每个评分指标的平均得分和正答率详情，如图 2-2-41 所示。

图 2-2-41 成绩分析

六、税控发行子系统

1. 企业发行管理

（1）企业初始发行。在使用开票系统前，教师需要对已经注册的企业逐一进行企业发行，每次发售发票都需要进行初始化发行操作，清空金税盘或实训宝的发票数据，如图 2-2-42 所示。

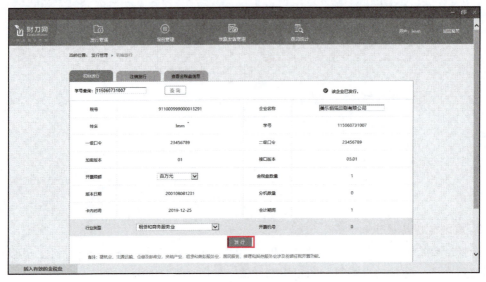

图 2-2-42　企业发行

初始发行时，若该发行账号存在剩余发票会提示"学生还未使用的专用发票 1 张，是否确认退回发票并发行？"，单击"确认"按钮，剩余发票会进行自动退回，增加至未发售发票数量即学校库存中，如图 2-2-43 所示。

图 2-2-43　确认退回发票并发行

(2)查看税盘信息。发行过金税盘或实训宝忘记已经绑定的账号信息,可插入金税盘或实训宝查看税盘所绑定的企业、纳税人识别号及学生信息等,如图2-2-44所示。

图 2-2-44　查看税盘信息

2. 如何领购发票

(1)发票发售。在使用增值税防伪税控开票系统时,学生(企业)携带金税盘到教师端(税务局)进行领购,领购数量根据案例数量进行发布,目前一套案例有十张左右的发票,学生在开具过程中可能操作失误,或者开错,建议在实际需要开具的题目数量基础上多发售两张,给予作废的空间。

(2)发票退回。重新发行某企业(账号),但该企业(账号)存在剩余未开的发票,可进行发票退回。单击"初始发行"按钮,会提示"学生还未使用的专用发票1张,是否确认退回发票并发行?",单击"确认"按钮,剩余发票会进行自动退回,增加至未发售发票数量,如图2-2-45、图2-2-46所示。

图 2-2-45　发票退回

图 2-2-46 发票剩余张数

3. 报税管理

大赛案例、组合案例中增值税会涉及两个月的业务，需要对金税盘时钟进行修改。需要在教师端进行授权后，方可修改，否则没有修改权限。金税盘时钟修改只能向后修改，无法向前修改；若将金税盘修改至下月 15 日后，在教师端重新进行企业发行会提示"IC 卡已被锁定，确定发行将会清掉原有数据！"，单击"确定"按钮后会清除该学生账号所有的开票数据，如图 2-2-47、图 2-2-48 所示。

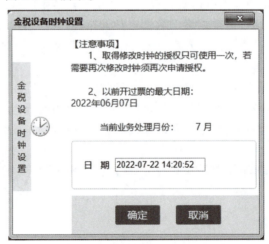

图 2-2-47 金税盘时钟修改

图 2-2-48 发行提示

七、硬件配备要求

打印机使用方法如下：

（1）打印机功能展示。

1）打印纸张数量的调节：通过纸张调节杆调节纸张数量，如图 2-2-49 所示。

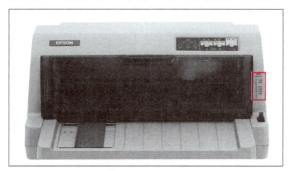

图 2-2-49　调节打印纸张数量

2）功能按键：电源显示、是否缺纸、换行/换页按钮、进纸/退纸按钮、暂停按钮，如图 2-2-50 所示。

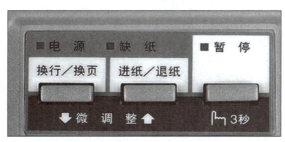

图 2-2-50　功能按键

3）刻度板：刻度调节，如图 2-2-51 所示。

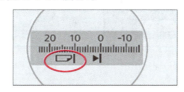

图 2-2-51　刻度调节

4）模式调整：向上为单进纸模式，向下为双进纸模式，如图 2-2-52 所示。

图 2-2-52　模式调整

（2）打印机组装。未拆封的打印机，需要将色带、网线、电源线组装后再使用，如图 2-2-53 所示。

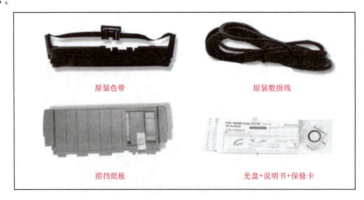

(a)

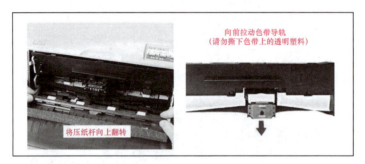

(b)

(c)

(d)

图 2-2-53　打印机组装

(3)打印机驱动安装。针对所购打印机型号进行驱动安装，方可进行打印。

八、纸质发票份数建议

由于学校配备的针式打印机普遍较少，上课时可以分组进行打印，建议每个同学打印2～3张，让学生了解打印流程、规范即可。

九、IC卡、金税盘、实训宝数量要求

IC卡、金税盘、实训宝在增值税防伪税控系统中是必要硬件，无硬件设备无法进入系统，目前IC卡逐步被金税盘、实训宝替代，建议每个同学配备一个金税盘或实训宝。三种硬件设备选择其一即可。

任务三　学生端系统操作

一、平台登录

平台登录如图 2-3-1、图 2-3-2 所示。

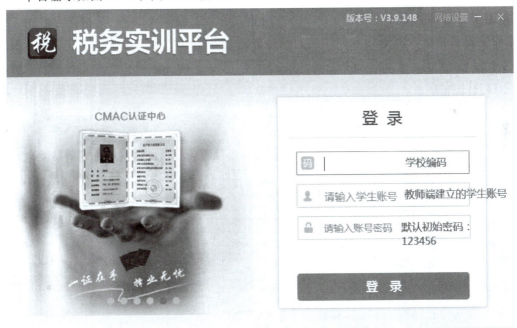

图 2-3-1　学生平台登录

图 2-3-2　税务实训平台

二、常用功能介绍

进入学生端界面，整体架构为：左侧显示常用功能和常用系统，上方按照税种或实训模块分类，实训模块可按照分类选择税种后进入具体子系统操作。

1. 数据初始化

数据初始化适用于各个子系统的做题数据清除，一般在做下一套案例数据前将上一套案例数据清除，否则会影响案例数据和分值。

操作：进入初始化系统勾选对应子系统，单击"确定"按钮，完成数据清除，如图 2-3-3、图 2-3-4 所示。

图 2-3-3　数据初始化

图 2-3-4　初始化完成

2. 数据备份和恢复

数据备份和恢复适用于未做完的案例，一般学校的机房会有还原系统。如果关机重启不可还原，则可不使用该功能。如需要保留未做完的数据，使用数据备份和恢复功能。

操作：单击"数据备份和恢复"按钮，默认备份功能，按照图 2-3-5 展示依次进行第一步、第二步，开始备份，执行命令后显示备份完成，如图 2-3-6、图 2-3-7 所示。

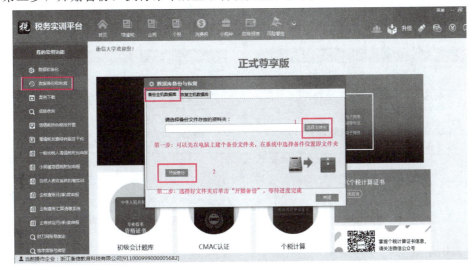

图 2-3-5　数据开始备份

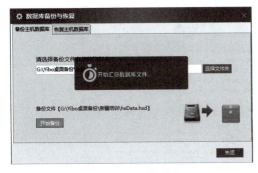

图 2-3-6　备份过程

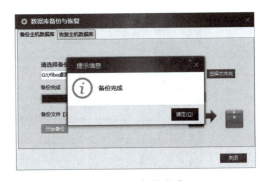

图 2-3-7　备份完成

恢复数据：按照图片展示依次进行图 2-3-8 中第一步、第二步、第三步，开始恢复后，执行命令后显示恢复完成。即之前备份的子系统数据都会恢复到相应系统中，如图 2-3-8～图 2-3-10 所示。

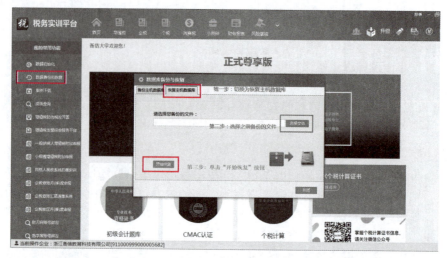

图 2-3-8　数据开始恢复

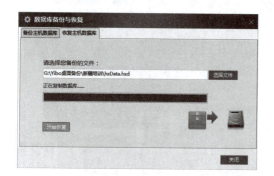

图 2-3-9　数据恢复过程

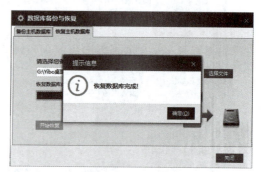

图 2-3-10　恢复数据库完成

3. 案例下载

案例下载适用于教师端发布案例后，学生在学生端查看教师发布的案例并完成实训。

操作：单击具体案例后，需按照图标先进行下载后，才能查看，如图 2-3-11 所示。

图 2-3-11　案例下载

4. 成绩查询

成绩查询适用于案例实训完成后，查看具体成绩和错误之处。

操作：单击"成绩查询"按钮，可按照一般案例和组合案例类别查看，按照案例名称、分数、详情、交卷时间列明，单击"详情"可查看具体指标得分情况，显示学生答案、正确答案和获得分值等，如图 2-3-12、图 2-3-13 所示。

图 2-3-12　成绩查询

图 2-3-13　成绩详情

三、各实训系统进入

进入各实训子系统，按照税种类别单击进入即可选择。以下展示部分税种界面，如图 2-3-14～图 2-3-18 所示。

图 2-3-14　部分税种界面

图 2-3-15　增值税界面

图 2-3-16　企税界面

图 2-3-17　个税界面

图 2-3-18　消费税界面

任务四　常见问题处理与规避

（1）学生端登录显示"您的账号目前不能继续使用，请退出"，如图 2-4-1 所示。

图 2-4-1　学生登录账号问题

解决方法：主要是由于学校的授权模式为云机房公网 IP 地址授权，需要在教师端单独授权具体班级。

（2）登录开票系统出现纳税人识别号不匹配，如图 2-4-2 所示。

图 2-4-2　纳税人识别号不匹配

解决方法：教师发行账号与登录税务实训平台的账号不一致，登录教师端查询发行的账号，用此账号登录。如果需要更换账号，如为金税盘直接在教师端进行发行并且领购发票即可；如为实训宝需要先使用账号清除软件，将绑定账号信息及发行信息解绑后，再次发行其他账号，使用发行后的账号进入学生端开票系统操作。

（3）教师端发行显示"纳税人信息未能成功写入 IC 卡，发行失败！"，如图 2-4-3 所示。

图 2-4-3　发行失败界面

解决方法：

1）IC 卡：检查格式设置问题，或者检查计算机接口是否有问题及驱动是否安装。

2）金税盘：金税盘 USB 线插错了接口，应插入带有"金税盘"字样的 USB 接口，检查计算机接口是否有问题，确认硬件本身是否损坏。

3）实训宝：检查计算机接口是否有问题，可以将税务实训平台学生端打开，检查是否显示磁盘位置，确认硬件本身是否损坏，如图 2-4-4 所示。

图 2-4-4　检查是否显示磁盘位置

检查 IC 卡、金税盘、实训宝是否连接成功,也可在教师端税控发行子系统中查看左下角是否显示"请插入金税盘"字样,如显示则没有连接成功(图 2-4-5),如没有显示则连接成功(图 2-4-6),可以排除计算机接口问题或数据线问题。

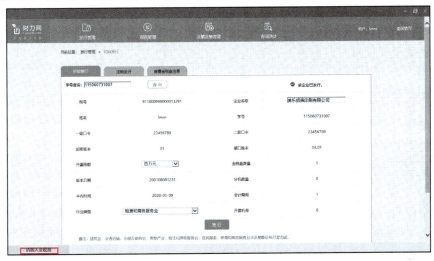

图 2-4-5　没有成功连接左下角显示"请插入金税盘"

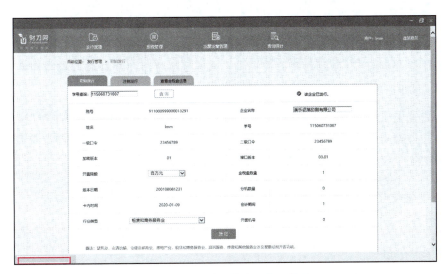

图 2-4-6　成功连接左下角无显示

(4)添加、导入学生账号时出现添加上限提示,如图 2-4-7 所示。

图 2-4-7　学生账号达到上限提示

解决方法:联系软件供应商工作人员,申请增加学生添加上限。可通过教师端教学管理平台检查可添加的学生数量,如图 2-4-8 所示。

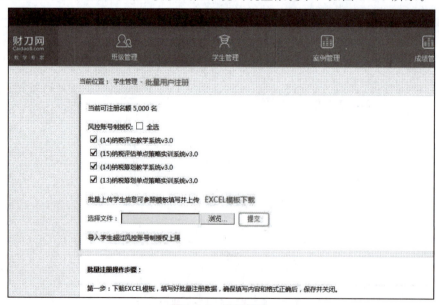

图 2-4-8　检查可添加的学生数量

(5)添加、导入学生账号时,授权风控系统出现上限提示,如图 2-4-9 所示。

图 2-4-9　上限提示

解决方法：联系软件供应商工作人员，申请增加风控系统授权次数添加上限。

(6)差额发票开具需要在教师端对差额行业进行发行，如图2-4-10所示。

图2-4-10　差额行业发行

解决方法：选择税控发行子系统→"初始发行"，查询信息后，选择行业类型，选择差额行业进行发行。备注位置可查看开具差额发票的行业。

纳税申报业务处理

任务一 增值税开票、认证、申报系统案例操作

知识目标

(1)熟悉增值税防伪税控开票系统操作流程；
(2)掌握增值税防伪开票系统操作时的注意事项；
(3)熟悉非征期抄报税、征期抄报税两种方式差别及注意事项；
(4)掌握传统抄报税与网上抄报税两种方式的差异及注意事项；
(5)掌握增值税发票网上抄报税系统操作时的注意事项；
(6)理解增值税进项税额抵扣政策；
(7)理解我国增值税基本制度；
(8)掌握现行增值税征税范围及适用税率(征收率)；
(9)掌握增值税一般计税方法和简易计税方法；
(10)掌握城市维护建设税、教育费附加及地方教育附加的计算；
(11)掌握增值税及附加税出口退(免)税的计算。

能力目标

(1)能掌握增值税防伪税控开票流程；
(2)能根据企业发生的经济业务填写增值税纳税申报表；
(3)能进行增值税及附加税纳税申报；
(4)会进行增值税发票勾选认证。

素质目标

(1)培养防伪税控开票意识；
(2)培养纳税人遵纪守法、合理纳税意识。

增值税防伪税控开票实训系统

案例资料：V3.8 增值税防伪税控开票实训系统教学案例 01

一、知识链接

自 2016 年 5 月 1 日起，税务总局在全国范围内推行了商品和服务税收分类编码。为了方便纳税人准确选择商品和服务税收分类编码，税务总局编写了商品和服务税收分类编码简称。自 2019 年 1 月 1 日起，纳税人通过增值税发票管理新系统开具增值税发票（包括增值税专用发票、增值税普通发票、增值税电子普通发票）时，商品和服务税收分类编码对应的简称会自动显示并打印在发票票面"货物或应税劳务、服务名称"或"项目"栏次中。

例如，纳税人销售黄金项链，在开具增值税发票时输入的商品名称为"黄金项链"，选择的商品和服务税收分类编码为"金银珠宝首饰"。该分类编码对应的简称为"珠宝首饰"，则增值税发票票面上会显示并打印"＊珠宝首饰＊黄金项链"。如果纳税人错误选择其他分类编码，发票票面上将会出现类似"＊钢材＊黄金项链"或"＊电子计算机＊黄金项链"的明显错误。

二、实训流程

增值税防伪税控开票实训流程如图 3-1-1 所示。

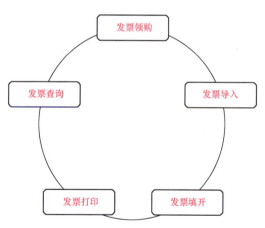

图 3-1-1 增值税防伪税控开票实训流程

三、实训须知

（1）案例业务所涉及的会计、税收法律法规政策截至 2021 年 12 月 31 日。
（2）实训案例税款所属期默认当前月份。
（3）计算结果以四舍五入方式保留两位小数。

四、案例资料

(一)企业资料

纳税人名称：浙江雨视科技有限公司
纳税人识别号：913301097384125541
公司成立时间：2013 年 06 月 02 日
法人代表名称：马芸
经济性质：有限责任公司(非上市企业)
开户银行及账号：农行杭州市高新支行 19045301040003352
注册地址及电话号码：浙江省杭州市滨江区南环路国丰大厦 1502 号 0571-87857390
所属行业：6510 软件开发
会计主管：张易元

企业主要经营范围：计算机软件研究开发、软件销售；计算机技术服务，计算机硬件销售、计算机系统集成及其他一切无须报经审批的合法项目。

公司为非汇总纳税企业，增值税一般纳税人，税务局核定增值税专用发票最高开票限额为百万元，增值税普通发票的最高开票限额为百万元。

(二)2022 年 01 月开票资料

(1)2022 年 01 月 02 日，向杭州物美超市(统一社会信用代码：9133010932186722X5，地址及电话：杭州市滨江区金城路 23 号 0571-56688401，开户行及账号：杭州银行滨江支行 0690001684)销售"监控摄像头"一批，含税价格 20 000.00 元；LBP3250 打印机 50 台，不含税价 2 000.00 元/台，银行已收到货款，请开具增值税专用发票。产成品出库单见表 3-1-1。

表 3-1-1 产成品出库单

产成品出库单

领用单位：杭州物美超市　　　　2022 年 01 月 02 日　　　　编号：001

产品名称	规格型号	计量单位	出库数量	备注
监控摄像头	V301	个	20	
打印机	LBP3250	台	50	

主管：张子涵　　审核：张易元　　保管：王志远　　经手人：李强

(2)2022 年 01 月 03 日，向浙江财会教育科技有限公司(统一社会信用代码：9133010832170622X5，地址及电话：杭州市西湖区天目山路 786 号 0571-85803920，开户行及账号：杭州市农业银行杭州大厦支行 053461250306)销售计算机硬件设备。给予摄像头 H8301 折扣销售 2%，货款已收到，请开具增值税专用发票，并在发票备注栏中注明"银行收讫"。销售清单见表 3-1-2，产成品出库单见表 3-1-3。

表 3-1-2　销售清单

货物名称	规格型号	数量	不含税单价
投影仪	X3250	2	5 000.00
摄像头	H8301	3	1 500.00
存储器	108 GB	4	1 500.00

表 3-1-3　产成品出库单

产成品出库单

领用单位：浙江财会教育科技有限公司　　2022 年 01 月 03 日　　　　　　　　　　编号：002

产品名称	规格型号	计量单位	出库数量	备注
投影仪	X3250	台	2	
摄像头	H8301	台	3	
存储器	108 GB	个	4	

主管：张子涵　　　　审核：张易元　　　　保管：王志远　　　　经手人：李强

(3)2022 年 01 月 04 日，向北京东奥华雨国际教育科技有限公司(统一社会信用代码：9031010808964608 56，地址及电话：北京市海淀区中关村南大街甲 38 号 18588558866，开户行及账号：中国农业银行北京百石桥支行 030505010400021560)销售 LBP3250 打印机 50 台，不含税价 2 000.00 元/台，按照总价法给予现金折扣(考虑增值税)，5/10，1/20，n/30 商品已发出，2022 年 01 月 09 日银行已收到货款，请开具增值税普通发票。产成品出库单见表 3-1-4。

表 3-1-4　产成品出库单

产成品出库单

领用单位：北京东奥华雨国际教育科技有限公司　2022 年 01 月 04 日　　　　　　　编号：003

产品名称	规格型号	计量单位	出库数量	备注
打印机	LBP3250	台	50	

主管：张子涵　　　　审核：张易元　　　　保管：王志远　　　　经手人：李强

(4)2022 年 01 月 05 日，与浙江纯光科技有限公司(统一信用代码：9133010933830030X3，地址及电括：浙江省杭州市滨江区江汉路 132 号 0571-56645301，开户行及账号：建行杭州市高新支行 045301040003302)签订购销合同一份，合同编号 XSJC2022001，销售计算机系统集成设备一批，银行已收到货款，请开具带销货清单的增值税专用发票，在备注栏内注明"合同编号 XSJC2022001"。销售清单见表 3-1-5，产成品出库单见表 3-1-6、表 3-1-7。

表 3-1-5　销售清单

货物名称	规格型号	数量	含税单价
扫描枪	霍尼维尔	3	980.00
监控摄像头	冠球 207C	5	1 420.00
摄像机	冠球 3	1	5 990.00
存储器	冠球 103	5	1 000.00
投影仪	东芝 3300	1	5 250.00
监视器	冠球 P7510	5	3 000.00
控制台		1	9 200.00
传感器	HC2-104	10	780.00
扫描仪	虹光 830	1	21 200.00

表 3-1-6　产成品出库单

产成品出库单

领用单位：浙江纯光科技有限公司　　2022 年 01 月 05 日　　编号：004

产品名称	规格型号	计量单位	出库数量	备注
扫描枪	霍尼韦尔	把	3	
监控摄像头	冠球 207C	个	5	
摄像机	冠球 3	台	1	
存储器	冠球 103	个	5	
投影仪	东芝 3300	台	1	
监视器	冠球 P7510	台	5	

主管：张子涵　　审核：张易元　　保管：王志远　　经手人：李强

表 3-1-7　产成品出库单表

产成品出库单

领用单位：浙江纯光科技有限公司　　2022 年 01 月 05 日　　编号：005

产品名称	规格型号	计量单位	出库数量	备注
控制台		台	1	
传感器	HC2-104	个	10	
扫描仪	虹光 830	台	1	

主管：张子涵　　审核：张易元　　保管：王志远　　经手人：李强

（5）2022 年 01 月 06 日，向杭州颐高数码电子商城（统一信用代码：913301037384125580，地址及电话：浙江省杭州市滨江区上城区浣纱路 32 号 0571-56603320，开户行及账号：建行杭州市上城区浣纱路支 040201040003302）销售打印机一批，给予折扣销售 10％，货物已发出，款项暂未收取，请开具增值税专用发票。销售清单见表 3-1-8，产成品出库单见表 3-1-9。

表 3-1-8 销售清单

货物名称	规格型号	数量	不含税单价
打印机	Ht8000	50	1 000.00
打印机	Epson LQ-590K	20	7 500.00
打印机	Epson LQ-300K	30	5 000.00

表 3-1-9 产成品出库单

产成品出库单

领用单位：杭州颐高数码电子商城　　2022 年 01 月 06 日　　编号：006

产品名称	规格型号	计量单位	出库数量	备注
打印机	Ht8000	台	50	
打印机	Epson LQ-590K	台	20	
打印机	Epson LQ-300K	台	30	

主管：张子涵　　审核：张易元　　保管：王志远　　经手人：李强

五、报告提交

(1)逐一开具增值税发票，并打印。

(2)打印增值税发票开具清单。

操作步骤：

(1)登录平台，选择"增值税"→"增值税防伪税控开票实训系统"（注意：该模块需要配合金税硬件使用——实训宝、金税盘选择其一即可，且教师端需要先进行发行和发售发票的前置环节，具体教师端操作步骤可查看上述项目二任务二）。增值税防伪税控开票实训登录界面如图 3-1-2 所示。

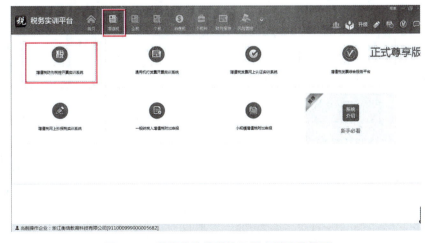

图 3-1-2 增值税防伪税控开票实训登录界面

(2)按照开票实训的流程,选择"发票读入"→"发票填开",根据发票类型选择增值税专用发票、增值税普通发票、增值税电子发票,按照案例内容开具各类型发票(注意:如开具增值税电子发票消耗的是增值税普通发票的数量)。发票读入界面如图3-1-3所示。

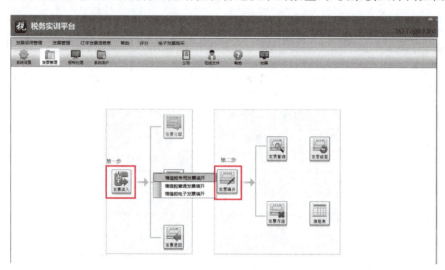

图3-1-3　发票读入界面

(3)案例涉及蓝字、折扣、清单、差额、红字发票。发票录入界面如图3-1-4所示。

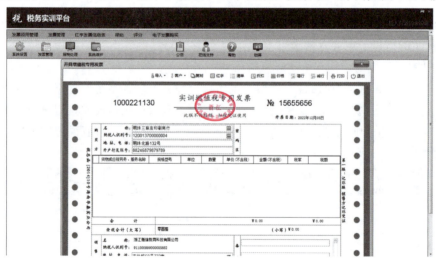

图3-1-4　发票录入界面

(4)发票填开界面包括购买方信息、商品信息、备注栏。

1)购买方信息可直接在票面上添加,顺序为先填写纳税人识别号、名称、地址及电话、开户行及账号。

2)商品信息通过单击"增行/减行"按钮来增加/减少商品,根据案例完善规格型号、单位、数量、单价(含税/不含税通过右上角价格切换按钮操作),金额、税额会自动根据填列情况计算。

3) 备注栏可根据题目要求决定是否填列。

填写完整后,单击"打印"按钮,保存并生成完整发票。开具完整发票界面如图 3-1-5 所示。

图 3-1-5　开具完整发票界面

(5) 如计算机连接针式打印机,通过该页面"打印"按钮打印纸质发票。打印纸质发票涉及调节发票打印界面和打印机,具体可查看项目二中任务二下的"七、"中硬件配备要求。

案例解析参考如图 3-1-6 所示。

发票日期	总金额	总税额
2022-01-02	117699.12	15300.88
2022-01-03	20410	2653.3
2022-01-04	100000	13000
2022-01-05	70336.28	9143.72
2022-01-06	315000	40950

图 3-1-6　案例图

【课后拓展】

一项销售行为,如果既涉及增值税应税货物又涉及非应税劳务,称为混合销售行为。对于混合销售问题,相关的税收法规如下。

(1) 税法对混合销售的处理规定:从事货物的生产、批发或零售的企业、企业性单位及个体经营者,从事货物的生产、批发或零售为主,并兼营非应税劳务的企业、企业性单位及个体经营者,发生上述混合销售行为,视为销售货物,征收增值税;但其他单位和个人的混合销售行为,视为销售非应税劳务,不征收增值税。"以从事货物的生产、批发或零售为主,并兼营非应税劳务",是指纳税人年货物销售额与非应税劳务营业额的合计数中,年货物销售额超过 50%,非应税劳务营业额不到 50%。

(2) 根据《中华人民共和国增值税暂行条例实施细则》第五条规定,以从事非增值税应税劳务为主,并兼营货物销售的单位和个人的混合销售行为,不征收增值税。如果其设立单独的机构经营货物销售并单独核算,该单独机构应视为从事货物的生产、批发或零售的企业、企业性单位,其发生的混合销售行为应当征收增值税。

增值税发票综合服务平台

案例资料：V3.8 增值税发票综合服务平台实训系统教学案例 01

一、知识链接

(一)进项税额的确定

进项税额是指纳税人购进货物、劳务、服务、无形资产或不动产，支付或负担的增值税税额。

增值税扣税凭证是指增值税专用发票、海关进口增值税专用缴款书、农产品收购发票、农产品销售发票、完税凭证和符合规定的国内旅客运输发票。

纳税人凭完税凭证抵扣进项税额的，应当具备书面合同、付款证明和境外单位的对账单或发票。资料不全的，其进项税额不得从销项税额中抵扣。

(二)增值税发票选择确认

根据《国家税务总局关于取消增值税扣税凭证认证确认期限等增值税征管问题的公告》（国家税务总局公告 2019 年第 45 号）第一条规定，自 2020 年 3 月 1 日起，增值税一般纳税人取得 2017 年 1 月 1 日及以后开具的增值税专用发票、海关进口增值税专用缴款书、机动车销售统一发票、收费公路通行费增值税电子普通发票，取消认证确认、稽核比对、申报抵扣的期限。

抵扣凭证认证期限历经 90 天、180 天到 360 天，直至取消认证期限，充分保障了一般纳税人的抵扣权益。从 2020 年 3 月 1 日起，纳税人登录平台就可以勾选到 2017 年 1 月 1 日（开票日期）后的所有抵扣凭证了。

二、实训流程

增值税发票综合服务平台实训流程如图 3-1-7 所示。

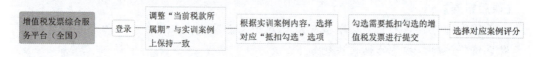

图 3-1-7　增值税发票综合服务平台实训流程

三、实训须知

(1)请务必完整查看"实训流程"部分内容，避免因步骤操作不正确导致出现错误。
(2)选择"当期税款所属日期"，设置并确认"税款所属期"，无误后单击"确定"按钮。
(3)案例业务所涉及的会计、税收法律法规政策截至 2021 年 12 月 31 日。

四、案例资料

(一)纳税人基础信息

公司名称：浙江雨视科技有限公司

成立日期：2016 年 05 月 26 日

统一社会信用代码：913301097384125541

地址及电话：杭州市滨江区南环路国丰大厦 1502 号 0571-87857390

开户行及账号：农行杭州市高新支行 19045301040011352

税务登记：一般纳税人

(二)业务资料

浙江雨视科技有限公司 2022 年 01 月需要认证的增值税专用发票抵扣联如图 3-1-8～图 3-1-12 所示。

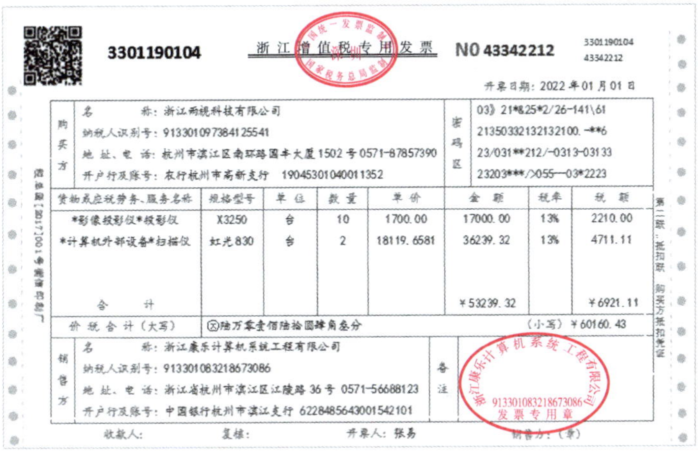

3301190104　浙江增值税专用发票　NO 43342212　3301190104 43342212

开票日期：2022 年 01 月 01 日

购买方　名　　称：浙江雨视科技有限公司
纳税人识别号：913301097384125541
地 址、电 话：杭州市滨江区南环路国丰大厦 1502 号 0571-87857390
开户行及账号：农行杭州市高新支行　19045301040011352

密码区　03》21*&25*2/26-141\61 213503321321321OO.-**6 23/031**212/-0313-03133 23203***/>055—03*2223

货物或应税劳务、服务名称	规格型号	单位	数量	单价	金额	税率	税额
*影像投影仪*投影仪	X3250	台	10	1700.00	17000.00	13%	2210.00
*计算机外部设备*扫描仪	虹光 830	台	2	18119.6581	36239.32	13%	4711.11
合　　计					¥53239.32		¥6921.11

价税合计（大写）　ⓧ陆万零壹佰陆拾圆肆角叁分　（小写）¥60160.43

销售方　名　　称：浙江康乐计算机系统工程有限公司
纳税人识别号：913301083218673086
地 址、电 话：浙江省杭州市滨江区江陵路 36 号 0571-56688123
开户行及账号：中国银行杭州市滨江支行 6228485643001542101

备注　浙江康乐计算机系统工程有限公司 913301083218673086 发票专用章

收款人：　复核：　开票人：张易　销售方：（章）

第二联：抵扣联　购买方抵扣凭证

图 3-1-8　增值税专用发票抵扣联 1

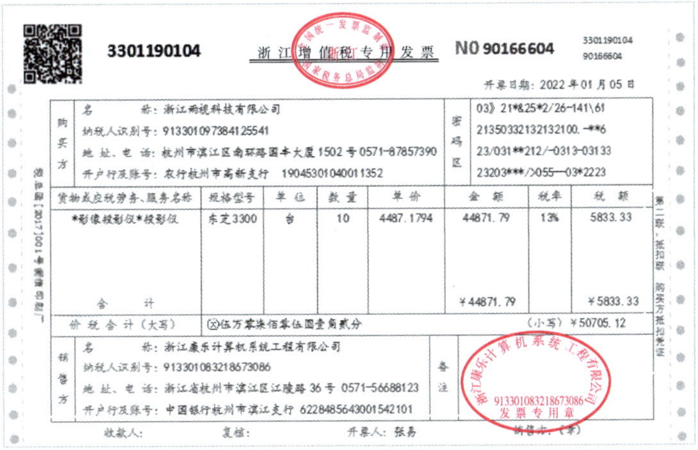

3301190104　浙江增值税专用发票　NO 90166604　3301190104 90166604

开票日期：2022 年 01 月 05 日

购买方　名　　称：浙江雨视科技有限公司
纳税人识别号：913301097384125541
地 址、电 话：杭州市滨江区南环路国丰大厦 1502 号 0571-87857390
开户行及账号：农行杭州市高新支行　19045301040011352

密码区　03》21*&25*2/26-141\61 213503321321321OO.-**6 23/031**212/-0313-03133 23203***/>055—03*2223

货物或应税劳务、服务名称	规格型号	单位	数量	单价	金额	税率	税额
*影像投影仪*投影仪	东芝 3300	台	10	4487.1794	44871.79	13%	5833.33
合　　计					¥44871.79		¥5833.33

价税合计（大写）　ⓧ伍万零柒佰零伍圆壹角贰分　（小写）¥50705.12

销售方　名　　称：浙江康乐计算机系统工程有限公司
纳税人识别号：913301083218673086
地 址、电 话：浙江省杭州市滨江区江陵路 36 号 0571-56688123
开户行及账号：中国银行杭州市滨江支行 6228485643001542101

备注　浙江康乐计算机系统工程有限公司 913301083218673086 发票专用章

收款人：　复核：　开票人：张易　销售方：（章）

第二联：抵扣联　购买方抵扣凭证

图 3-1-9　增值税专用发票抵扣联 2

图 3-1-10　增值税专用发票抵扣联 3

图 3-1-11　增值税专用发票抵扣联 4

图 3-1-12　增值税专用发票抵扣联 5

五、报告提交

完成实训操作后进行"案例评分"。

操作步骤：

(1)登录平台，选择"增值税"→"增值税发票综合服务平台"。增值税发票综合服务登录界面如图 3-1-13 所示。

图 3-1-13　增值税发票综合服务登录界面

(2)根据上述案例内容进行税款所属期的选择设置。税款所属期选择界面如图 3-1-14 所示。

图 3-1-14　税款所属期选择界面

(3)选择"抵扣勾选"→"发票抵扣勾选"，根据案例票据勾选需要确认的发票，勾选完成后单击"案例评分"按钮；进入发票抵扣勾选界面，如图 3-1-15 所示。

(4)通过前面复选框进行勾选选择。发票抵扣勾选界面如图 3-1-16 所示。

(5)如果评分未达到满分，或者评分前想要修改已抵扣的发票，但出现选择抵扣的发票找不到，可通过选择"抵扣勾选"→"抵扣勾选统计"→"撤销申请"，找到之前勾选过的发票。抵扣勾选的传统界面如图 3-1-17 所示。

案例解析参考如图 3-1-18 所示。

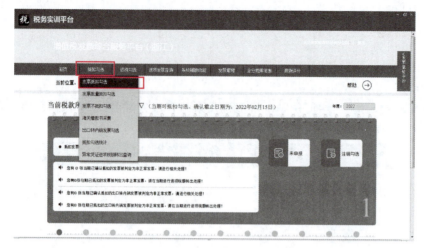

图 3-1-15　进入发票抵扣勾选界面

图 3-1-16　发票抵扣勾选界面

图 3-1-17　抵扣勾选的统计界面

发票代码	发票号码	开票日期	销售方名称	销售方税号	金额	税额	有效税额	发票状态	发票类型
3301190104	43342212	2022/1/1	浙江康乐计算机系统工程有限公司	913301083218673086	53239.32	6921.11	6921.11	正常	增值税专用发票
3301190104	90166604	2022/1/5	浙江康乐计算机系统工程有限公司	913301083218673086	44871.79	5833.33	5833.33	正常	增值税专用发票
3301190104	30082515	2022/1/7	杭州颐高数码电子商城	913301037384125580	70000.00	9100.00	9100.00	正常	增值税专用发票
3301190104	67073201	2022/1/18	杭州顺丰快运有限公司	913308843537550809	400.00	24.00	24.00	正常	增值税专用发票
3301190104	40081772	2022/1/25	杭州市水务有限公司	913301093218657460	615.00	55.35	55.35	正常	增值税专用发票

图 3-1-18　案例解析参考图

一般纳税人增值税附加申报

案例资料：V3.8 一般纳税人增值税及附加税费网上申报教学案例 01

一、知识链接

(一)增值税一般纳税人的计算

当期应纳税额＝当期销项税额－当期可抵扣进项税额－上期留抵的进项税额

在计算应纳税额时会出现当期销项税额小于当期进项税额不足抵扣的情况。根据《中华人民共和国增值税暂行条例》第四条规定，当期销项税额小于当期进项税额不足抵扣时，其不足部分可以结转下期继续抵扣。

(二)销售额的确定

销售额是指纳税人发生应税销售行为向购买方收取的全部价款和价外费用，但不包括收取的销项税额。价外费用包括价外向购买方收取的手续费、补贴、基金、集资费、返还利润、奖励费、违约金、滞纳金、延期付款利息、赔偿金、代收款项、代垫款项、包装费、包装物租金、储备费、优质费、运输装卸费，以及其他各项性质的价外费用。上述价外费用无论其会计制度如何核算，均应并入销售额计算销项税额。

二、实训流程

一般纳税人增值税及附加税费网上申报实训流程如图 3-1-19 所示。

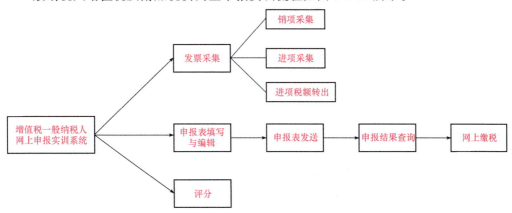

图 3-1-19　一般纳税人增值税及附加税费网上申报实训流程

三、实训须知

（1）案例业务所涉及的会计、税收法律法规政策截至 2021 年 10 月 31 日。
（2）实训案例税款所属期默认当前月份。
（3）计算结果以四舍五入方式保留两位小数。
（4）填写附表五（附表所指为实训软件中附表，后同）并保存后需要再回主表确认附加税费，确认无误后再次保存。

四、案例资料

本企业为 2018 年 05 月 01 日成立的一般纳税人，本月主要业务如下。

经济业务 1：

2021 年 11 月 03 日，向方正包装有限公司销售货物一批，货已发，款未收。
增值税专用发票销售方记账联如图 3-1-20 所示。

图 3-1-20　增值税专用发票销售方记账联 1

经济业务 2：

2021 年 11 月 15 日，银行存款转账支付办公室电费，取得增值税专用发票且已经完成认证。增值税专用发票抵扣联如图 3-1-21 所示，增值税专用发票发票联如图 3-1-22 所示。

图 3-1-21　增值税专用发票抵扣联 1

图 3-1-22　增值税专用发票发票联 1

经济业务 3：

2021 年 11 月 15 日，银行存款转账支付办公室水费，取得增值税专用发票且已经完成认证。增值税专用发票抵扣联如图 3-1-23 所示，增值税专用发票发票联如图 3-1-24 所示。

图 3-1-23　增值税专用发票抵扣联 2

图 3-1-24　增值税专用发票发票联 2

经济业务 4：

2021 年 11 月 16 日，向鼎坚电子科技有限公司销售货物一批，货已发，货款已经通过银行转账收取。增值税专用发票销售方记账联如图 3-1-25 所示。

图 3-1-25　增值税专用发票销售方记账联 2

经济业务 5：

2021 年 11 月 18 日，向佳诚印刷器材商行销售货物一批，货已发，货款已经通过银行转账收取。增值税专用发票销售方记账联如图 3-1-26 所示。

图 3-1-26　增值税专用发票销售方记账联 3

经济业务 6：

2021 年 11 月 20 日，向上海纸品制造厂购买包装使用的纸盒纸箱，已通过银行转账付款，纸盒纸箱已验收入库，取得的增值税专用发票已经完成认证。增值税专用发票抵扣联如图 3-1-27 所示，增值税专用发票发票联如图 3-1-28 所示。

图 3-1-27　增值税专用发票抵扣联 3

图 3-1-28　增值税专用发票发票联 3

五、报告提交

实训操作完成后,进入评分系统选择相对应的案例进行系统评分,将实训报告封面及各报表依次打印,主要的申报表打印如下。

(1)进行系统评分后打印实训报告封面。

(2)增值税及附加税费申报表(一般纳税人适用)及其附表。

操作步骤:

(1)登录平台,选择"增值税"→"一般纳税人增值税附加申报"。一般纳税人增值税附加申报登录界面如图 3-1-29 所示。

图 3-1-29　一般纳税人增值税附加申报登录界面

（2）按照案例中的要求流程，完成纳税人申报后且单击"评分"按钮，了解实训情况。一般纳税人增值税附加申报界面如图 3-1-30 所示。

图 3-1-30　一般纳税人增值税附加申报界面

（3）实训完成后如需要修改，可通过单击"作废申报"按钮进行作废后修改申报表和发票采集，申报表可以直接在原有基础上修改，发票采集需要将所有申报表数据全部删除后方能修改。进项采集界面如图 3-1-31 所示，增值税专用发票清单如图 3-1-32 所示，销项采集界面如图 3-1-33 所示，增值税专用发票清单如图 3-1-34 所示。

进项发票类型	总份数	总税额	可抵扣份数	可抵扣税额	操作
增值税专用发票	1	712.65	1	712.65	采集
税控机动车发票	0	0.00	0	0.00	采集
海关缴款书	0	0.00	0	0.00	采集
农产品收购发票	0	0.00	0	0.00	采集
代扣代缴通用缴款书	0	0.00	0	0.00	采集
合计	1	712.65	1	712.65	

图 3-1-31　进项采集界面

图 3-1-32　增值税专用发票清单

图 3-1-33　销项采集界面

图 3-1-34　增值税专用发票清单

案例解析参考：

增值税及附加税费申报表（一般纳税人适用）如图 3-1-35 所示。

(a)

图 3-1-35　增值税及附加税费申报表（一般纳税人适用）

(b)

图 3-1-35 增值税及附加税费申报表(一般纳税人适用)(续)

增值税及附加税费申报表附列资料如图 3-1-36～图 3-1-38 所示。

图 3-1-36 增值税及附加税费申报表附列资料(一)

图 3-1-37 增值税及附加税费申报表附列资料(二)

增值税及附加税费申报表附列资料（五）

（附加税费情况表）

税（费）款所属时间：2021年11月01日 至 2021年11月30日

纳税人名称：（公章） 佳益印刷厂

税（费）种		计税（费）依据：增值税税额	计税（费）依据：增值税限额减免金额	计税（费）依据：增值税免抵税额	计税（费）依据：留抵退税本期扣除额	税（费）率（征收率）（%）	本期应纳税（费）额	本期减免税（费）额：减免性质代码	本期减免税（费）额：减免税（费）额	试点建设培育产教融合型企业：减免性质代码	试点建设培育产教融合型企业：本期抵免金额	本期已缴税（费）额
被冲红所属期起				被冲红所属期止								
		1	2	3	4	5	6=（1+2+3-4）×5	7	8	9	10	11
城市维护建设税	1	24507.35	0.00	0.00	0.00	7.0000%	1715.51			——	——	0.00
教育费附加	2	24507.35	0.00	0.00	0.00	3.0000%	735.22				0.00	0.00
地方教育附加	3	24507.35	0.00	0.00	0.00	2.0000%	490.15				0.00	0.00
合计	4	——	——	——	——	——	2940.88	——	0.00	——	0.00	0.00
本期是否适用试点建设培育产教融合型企业抵免政策						□是	☑否	当期新增投资额			5	
								上期留抵可抵免金额			6	
								结转下期可抵免金额			7	
可用于扣除的增值税留抵退税额使用情况								当期新增可用于扣除的留抵退税额			8	
								上期结存可用于扣除的留抵退税额			9	
								结转下期可用于扣除的留抵退税额			10	

图 3-1-38　增值税及附加税费申报表附列资料(五)

【课后拓展】

一般纳税人企业增值税常见涉税风险如下。

(1)存在混合销售或兼营业务，未进行有效区分或人为将混合销售作为兼营。

(2)生产经营范围涉及多个税率，将高税率经营项目使用低税率申报。

(3)既有适用简易计税的业务，同时又有适用一般计税方法的业务，但未分开核算，计税方法混淆不清。

(4)增值税申报收入与企业所得税申报收入差异过大。

(5)将开发产品用于捐赠、赞助、职工福利、集体福利、奖励、分配给股东或投资入股、拍卖、换取其他单位和个人的非货币资产等，未视同销售申报纳税。

(6)发票开具金额大于申报金额。

(7)《增值税及附加税费申报表(增值税一般纳税人适用)》进项税额转出为负，或一般纳税人进项抵扣税率异常。

(8)《增值税及附加税费申报表(增值税一般纳税人适用)》未开具发票销售额填报负数且无正当理由。

(9)《增值税及附加税费申报表(增值税一般纳税人适用)》分次预缴税款栏次填报数据大于实际预缴税额；应纳税额减征额栏次填报数据与实际不符。

(10)未发生经营业务但开具发票，或开具发票与实际经营业务不符。

(11)当期填报的海关进口增值税专用缴款书、农产品抵扣进项税额与实际经营情况不符。

(12)纳税人代扣代缴企业所得税和增值税的计税收入额不匹配。

(13)出口退(免)税备案内容发生变化，但未办理出口退(免)税备案变更。

(14)出口企业申报出口退(免)税业务后 15 日内，未按规定进行单证备案。

(15)出口企业申报出口退(免)税后，在次年申报期截止之日前仍未收汇。

(16)外贸型出口企业申报退(免)税的计税依据与购进出口货物的增值税专用发票注明的金额、海关进口增值税专用缴款书注明的完税价格或税收缴款凭证上注明的金额不相符。

(17)生产型出口企业申报免抵退税的计税依据与出口发票的离岸价(FOB)金额不相符(进料加工复出口货物除外)。

小规模纳税增值税附加申报

案例资料：V3.8小规模纳税人增值税及附加税费网上申报教学案例01

一、知识链接

(1)财政部、税务总局公告2021年第7号：《财政部、税务总局关于支持个体工商户复工复业增值税政策的公告》(财政部、税务总局公告2020年第13号)规定的税收优惠政策，执行期限延长至2021年12月31日。其中，自2021年4月1日至2021年12月31日，湖北省增值税小规模纳税人适用3%征收率的应税销售收入，减按1%征收率征收增值税；适用3%预征率的预缴增值税项目，减按1%预征率预缴增值税。

(2)自2021年4月1日起，小规模纳税人发生增值税应税销售行为，合计月销售额未超过15万元(以1个季度为1个纳税期的，季度销售额未超过45万元，下同)的，免征增值税。

小规模纳税人发生增值税应税销售行为，合计月销售额超过15万元，但扣除本期发生的销售不动产的销售额后未超过15万元的，其销售货物、劳务、服务、无形资产取得的销售额免征增值税。

二、实训流程

小规模纳税人增值税及附加税费网上申报实训流程如图3-1-39所示。

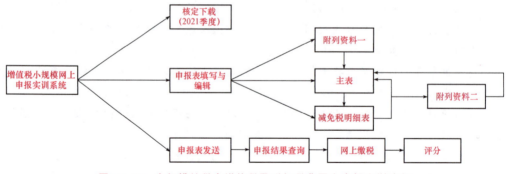

图3-1-39 小规模纳税人增值税及附加税费网上申报实训流程

三、实训须知

(1)案例业务所涉及的会计、税收法律法规政策截至2021年09月30日。
(2)实训税款所属期根据案例业务时间设置。
(3)计算结果以四舍五入方式保留两位小数。
(4)减免税明细表如有减征额，需要先回主表填写，确认无误后保存，再去填写附表二。
(5)附表二填写保存后需再回主表确认附加税费，确认无误后再次保存。

四、案例资料

深圳市菱电制冷设备销售有限公司为增值税小规模纳税人，2021年10月至12月业务如下。

（1）企业向深圳市穿行电子商务有限公司销售了3套空调专用铜管及过滤网设备，共计960元，款项未收回。增值税普通发票销售方记账联如图3-1-40所示。

图3-1-40　增值税普通发票销售方记账联1

（2）企业向深圳市多金贸易有限公司销售了1套空调不锈钢加厚版支架设备800元，并同时进行空调移机、安装626元，以上款项已经通过银行转账收讫。增值税普通发票销售方记账联如图3-1-41所示。

图3-1-41　增值税普通发票销售方记账联2

（3）企业向深圳市穿行电子商务有限公司销售并安装冷库设备取得收入 26 400 元，款项未收回。增值税普通发票销售方记账联如图 3-1-42 所示。

图 3-1-42　增值税普通发票销售方记账联 3

（4）企业向深圳市万家机电有限公司销售制冷器 2 台，款项未收回。增值税普通发票销售方记账联如图 3-1-43 所示。

图 3-1-43　增值税普通发票销售方记账联 4

五、报告提交

(1)根据实训资料完成 2021 年第四季度增值税及附加税费纳税申报。
(2)案例评分后，打印增值税及附加税费申报表(小规模纳税人适用)、实训报告封面。
操作步骤：
(1)登录平台，选择"增值税"→"小规模增值税附加申报"。小规模增值税附加申报登录界面如图 3-1-44 所示。

图 3-1-44 小规模增值税附加申报登录界面

(2)按照案例中的要求流程,完成纳税人申报后且单击"评分"按钮,了解实训情况(注意:小规模纳税人申报要先按照案例内容正确进行核定下载,否则可能会影响案例评分)。小规模增值税附加申报界面图 3-1-45 所示。

图 3-1-45 小规模增值税附加申报界面

(3)实训完成后如需要修改,可通过单击"作废申报"按钮进行作废后修改申报表,申报表可以直接在原有基础上修改。

案例解析参考:

增值税及附加税费申报表(小规模纳税人适用)如图 3-1-46 所示。

增值税及附加税费申报表
（小规模纳税人适用）

纳税人识别号(统一社会信用代码) 91330099900005432L　　本期销售不动产不含税销售额　0.00
纳税人名称（公章）：　佳益印刷厂　　金额单位：元（列至角分）
税款所属期：　2021年10月01日 至 2021年12月31日　填表日期：　2022年01月03日

	项　目	栏次	本期数		本年累计	
			货物及劳务	服务、不动产和无形资产	货物及劳务	服务、不动产和无形资产
一、计税依据	（一）应征增值税不含税销售额（3%征收率）	1	0.00	0.00	0.00	0.00
	增值税专用发票不含税销售额	2	0.00	0.00	0.00	0.00
	其他增值税发票不含税销售额	3	0.00	0.00	0.00	0.00
	（二）应征增值税不含税销售额（5%征收率）	4	--------	0.00	--------	0.00
	增值税专用发票不含税销售额	5	--------	0.00	--------	0.00
	其他增值税发票不含税销售额	6	--------	0.00	--------	0.00
	（三）销售使用过的应税固定资产不含税销售额	7（7≥8）	0.00	--------	0.00	--------
	其中：其他增值税发票不含税销售额	8	0.00	--------	0.00	--------
	（四）免税销售额	9=10+11+12	48,303.00	0.00	48,303.00	0.00
	其中：小微企业免税销售额	10	48,303.00	0.00	48,303.00	0.00
	未达起征点销售额	11	0.00	0.00	0.00	0.00
	其他免税销售额	12	0.00	0.00	0.00	0.00
	（五）出口免税销售额	13(13≥14)	0.00	0.00	0.00	0.00
	其中：其他增值税发票不含税销售额	14	0.00	0.00	0.00	0.00
	核定销售额	15	0.00	0.00	0.00	0.00
二、税款计算	本期应纳税额	16	0.00	0.00	0.00	0.00
	核定应纳税额	17	0.00	0.00	0.00	0.00
	本期应纳税额减征额	18	0.00	0.00	0.00	0.00
	本期免税额	19	1,449.09	0.00	1,449.09	0.00
	其中：小微企业免税额	20	1,449.09	0.00	1,449.09	0.00
	未达起征点免税额	21	0.00	0.00	0.00	0.00
	应纳税额合计	22=16-18	0.00	0.00	0.00	0.00
	本期预缴税额	23	0.00	0.00	0.00	0.00
	本期应补（退）税额	24=22-23	0.00	0.00	0.00	0.00
三、附加税费	城市维护建设税本期应补（退）税额	25		0.00		0.00
	教育费附加本期应补（退）费额	26		0.00		0.00
	地方教育附加本期应补（退）费额	27		0.00		0.00

声明：此表是根据国家税收法律法规及相关规定填写的，本人（单位）对填报内容（及附带资料）的真实性、可靠性、完整性负责。

纳税人（签章）

经办人： 经办人身份证号： 代理机构签章： 代理机构统一社会信用代码：	受理人： 受理税务机关（章）： 受理日期：

图 3-1-46　增值税及附加税费申报表(小规模纳税人适用)

【课后拓展】

小规模纳税人可以根据经营需要自行选择按月或按季申报吗？

纳税人可以自行选择纳税期限。小规模纳税人纳税期限不同，其享受免税政策的效果可能存在差异。为确保小规模纳税人充分享受政策，根据《国家税务总局关于增值税小规模纳税人减免增值税等政策有关征管事项的公告》(国家税务总局公告 2023 年第 1 号)相关规定，按照固定期限纳税的小规模纳税人可以根据自己的实际经营情况选择实行按月纳税或按季纳税。但是需要注意的是，纳税期限一经选择，一个会计年度内不得变更。

任务二　企业所得税月(季)度、企税年度汇算清缴申报系统案例操作

知识目标

(1)理解企业所得税基本概念；

(2)熟悉企业所得税征税范围及税率；

(3)掌握不同企业所得税纳税人的应纳税额计算方法；

(4)掌握企业所得税月(季)度预缴纳税申报表、企业所得税年度纳税申报表及相关附表的填报涉及的特殊经济业务处理方法。

能力目标

(1)能根据经济业务进行企业所得税判断；
(2)能熟练填制企业所得税纳税申报表；
(3)能填制企业所得税月(季)度预缴纳税申报表、企业所得税年度纳税申报表及相关附表。

素质目标

(1)培养学生遵纪守法、诚信纳税的意识；
(2)培养学生规范操作意识。

企业所得税(查账)月(季)度

案例资料：V3.8企业所得税季度(A类)网上申报实训系统教学案例01

一、知识链接

(一)企业所得税税率

企业所得税基本税率为25%。按年计征，分月或分季度预缴，年终汇算清缴，多退少补。按月或按季预缴的，应当月或季度终了之日起15日内，向税务机关报送预缴企业所得税纳税申报表，预缴税款。

(二)小型微利企业税收优惠政策

1. 财政部、税务总局公告2021年第12号

2021年1月1日至2022年12月31日，对小型微利企业年应纳税所得额不超过100万元的部分，在《财政部、税务总局关于实施小微企业普惠性税收减免政策的通知》第二条规定的优惠政策基础上，再减半征收企业所得税。

2. 财税〔2019〕13号

2019年1月1日至2021年12月31日，对小型微利企业年应纳税所得额不超过100万元的部分，减按25%计入应纳税所得额，按20%的税率缴纳企业所得税；对年应纳税所得额超过100万元但不超过300万元的部分，减按50%计入应纳税所得额，按20%的税率缴纳企业所得税。

上述小型微利企业是指从事国家非限制和禁止行业，且同时符合年度应纳税所得额不超过300万元、从业人数不超过300人、资产总额不超过5 000万元三个条件的企业。

二、实训流程

企业所得税季度(A类)网上申报实训流程如图3-2-1所示。

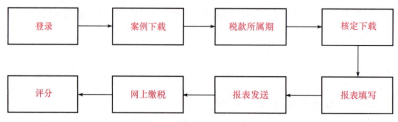

图 3-2-1 企业所得税季度(A 类)网上申报实训流程

三、实训须知

(1)请务必完整查看"实训流程"部分内容,避免因步骤操作不正确导致出错。
(2)案例业务所涉及的会计、税收法律法规政策截至 2021 年 2 月 28 日。
(3)计算结果以四舍五入方式保留两位小数。
(4)必选项目:预缴方式为按照实际利润额预缴。

四、案例资料

(一)纳税人基础信息

公司名称:衡信教育科技有限公司
纳税人识别号:91240200057440013A
纳税人资格:一般纳税人
企税核定类型:查账征收
企业所得税申报期限:季
登记日期:2017 年 05 月 20 日
法定代表人:余晓波
会计准则:一般企业会计准则
开户银行及账号:中国建设银行杭州支行 400236754624500
注册地址及电话:杭州市滨江区南环路 2299 号 17208172905
生产经营地址:杭州市滨江区南环路 2299 号
生产经营范围:技术开发、技术服务,销售:教育软件、教学仪器设备等。

(二)业务资料

衡信教育科技有限公司属于增值税一般纳税人,税务机关核定企业所得税征收方式为查账征收,按照实际利润额预缴方式预缴企业所得税。企业财务执行新会计准则,非汇总企业,无分支机构。

企业 2021 年第一季度从业人数季初 60 人,季末 84 人,资产总额季初 850.00 万元,季末 1 080.00 万元;季度平均值从业人数 72 人,资产总额 965.00 万元。符合小型微利企业。

现进行公司 2021 年第一季度企业所得税申报,相关资料如下。
2021 年 03 月 31 日利润表见表 3-2-1。

表 3-2-1 利润表

编制单位：衡信教育科技有限公司　　　　2021年03月31日　　　　　　　　　　单位：人民币　元

项目	本月数	本年累计
一、营业收入	878 000.00	1 689 000.00
减：营业成本	291 600.00	604 600.00
税金及附加	63 100.00	93 100.00
销售费用	80 300.00	136 800.00
管理费用	126 000.00	208 200.00
研发费用		
财务费用	75 500.00	550 300.00
其中：利息费用		
利息收入		
资产减值损失		
信用减值损失		
加：其他收益		
投资收益（损失以"－"号填列）		
其中：对联营企业和合营企业的投资收益		
净敞口套期收益（损失以"－"号填列）		
公允价值变动收益（损失以"－"号填列）		
资产处置收益（损失以"－"号填列）		
二、营业利润（亏损以"－"号填列）	241 500.00	96 000.00
加：营业外收入		
减：营业外支出		
三、利润总额（亏损总额以"－"号填列）	241 500.00	96 000.00
减：所得税费用	6 037.50	2 400.00
四、净利润（净亏损以"－"号填列）	235 462.50	93 600.00
（一）持续经营净利润（净亏损以"－"号填列）		
（二）终止经营净利润（净亏损以"－"号填列）		
五、其他综合收益的税后净额		
（一）不能重分类进损益的其他综合收益		
1. 重新计量设定受益计划变动额		
2. 权益法下不能转损益的其他综合收益		
3. 其他权益工具投资公允价值变动		
4. 企业自身信用风险公允价值变动		
……		
（二）将重分类进损益的其他综合收益		
1. 权益法下可转损益的其他综合收益		
2. 其他债权投资公允价值变动		
3. 金融资产重分类计入其他综合收益的金额		
4. 其他债权投资信用减值准备		
5. 现金流量套期储备		
6. 外币财务报表折算差额		

五、报告提交

通过以上纳税申报数据形成纳税申报表依次保存,报表数据上报成功后,进入评分系统选择相对应的案例进行系统评分,将各报表依次打印,主要的申报表打印有企业所得税月(季)度预缴纳税申报表(A类)。

操作步骤:

(1)登录平台,选择"企税"→"企税查账月(季)申报实训系统"。企税查账月(季)申报登录界面如图3-2-2所示。

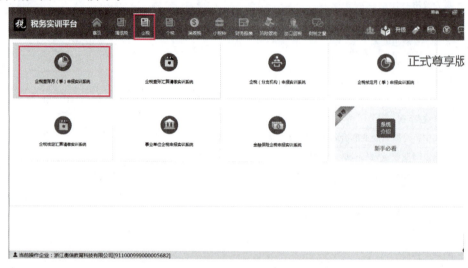

图3-2-2 企税查账月(季)申报登录界面

(2)按照案例中的要求流程,完成申报后且单击"评分"按钮,了解实训情况。企税查账月(季)申报界面如图3-2-3所示。

图3-2-3 企税查账月(季)申报界面

(3)实训完成后如需要修改，可通过单击“作废申报”按钮进行作废后修改申报表，申报表可以直接在原有基础上修改。

案例解析参考：

业务处理说明：96 000×25％＝24 000(元)

96 000×25％×20％×50％＝2 400(元)

减免税额＝24 000－2 400＝21 600(元)

企税月(季)度预缴纳税申报表(A 类)具体填报如图 3-2-4 所示。

A200000

中华人民共和国
企业所得税月(季)度预缴纳税申报表(A类)

税款所属期间：	2021年01月01日 至 2021年03月31日		
纳税人识别号（统一社会信用代码）：	911000999000000037	跨省总机构行政区划	
纳税人名称：	杭州禾工科技有限公司		金额单位：人民币元(列至角分)
预缴方式	☑ 按照实际利润额预缴	☐ 按照上一纳税年度应纳税所得额平均额预缴	☐ 按照税务机关确定的其他方法预缴
企业类型	☑ 一般企业	☐ 跨地区经营汇总纳税企业 总机构	☐ 跨地区经营汇总纳税企业 分支机构

优惠及附报事项有关信息

项 目	一季度		二季度		三季度		四季度		季度平均值
	季初	季末	季初	季末	季初	季末	季初	季末	
从业人数	60	84							72
资产总额（万元）	850.00	1080.00							965.00
国家限制或禁止行业	☐ 是	☑ 否	小型微利企业		☑ 是	☐ 否			

	附报事项名称	金额或选项	
事项	☐ 支持新型冠状病毒感染的肺炎疫情防控捐赠支出全额扣除（本年累计，元）	0.00	
事项	☐ 扶贫捐赠支出全额扣除（本年累计，元）	0.00	
事项	☐ 软件集成电路企业优惠政策适用类型	☐ 原政策	☐ 新政策

	预缴税款计算	本年累计
1	营业收入	1,689,000.00
2	营业成本	604,600.00
3	利润总额	96,000.00
4	加：特定业务计算的应纳税所得额	0.00
5	减：不征税收入	0.00
6	减：资产加速折旧、摊销（扣除）调减额（填写A201020）	0.00
7	减：免税收入、减计收入、加计扣除（7.1+7.2+……）	0.00

(a)

7.1				0.00
7.2				0.00
7.3				0.00
7.4				0.00
7.5				0.00
8	减：所得减免（8.1+8.2+……）			0.00
8.1				0.00
8.2				0.00
8.3				0.00
8.4				0.00
8.5				0.00
9	减：弥补以前年度亏损			0.00
10	实际利润额（3+4-5-6-7-8-9）\ 按照上一纳税年度应纳税所得额平均额确定的应纳税所得额			96,000.00
11	税率(25%)			25.00%
12	应纳所得税额（10×11）			24,000.00
13	减：减免所得税额（13.1+13.2+……）	主营业务收入占比	0.00%	21,600.00
13.1	符合条件的小型微利企业减免企业所得税			21,600.00
13.2				0.00
13.3				0.00
13.4				0.00
13.5				0.00
13.6				0.00
13.7				0.00
13.8				0.00
13.9				0.00
				0.00

(b)

图 3-2-4　企税月(季)度预缴纳税申报表(A 类)

14	减：本年实际已缴纳所得税额			0.00
15	减：特定业务预缴（征）所得税额			0.00
16	本期应补（退）所得税额（12-13-14-15）\ 税务机关确定的本期应纳所得税额			2,400.00
	汇总纳税企业总机构纳税款计算			
17	总机构	总机构本期分摊应补（退）所得税额（18+19+20）		0.00
18		其中：总机构分摊应补（退）所得税额（16×总机构分摊比例）	0.00%	0.00
19		财政集中分配应补（退）所得税额（16×财政集中分配比例）	0.00%	0.00
20		总机构具有主体生产经营职能的部门分摊所得税额16×全部分支机构分摊比例）	0.00%	×总机构具有主体生产经营职能部门分摊比例） 0.000000000%	0.00
21	分支机构	分支机构本期分摊比例		0.000000000%
22		分支机构本期分摊应补（退）所得税额		0.00
	实际缴纳企业所得税计算			
FZ1	中央级收入实际应纳税额[本期：16行×60%或（18行+20行）×60%或22行×60%]			
FZ2	地方级收入应纳税额[本期：16行×40%或（18行+20行）×40%或22行×40%]			
23			本期实际减免金额（FZ2×减征幅度）	0.00
23.1	减：民族自治地区企业所得税地方分享部分：	□免征 □减征：减征幅度 0.000000%	本机构本年累计的（23行的本年累计）	0.00
23.2			本年累计应减免金额（本机构及分支机构的本年累计，总机构填）	0.00
FZ3	地方级收入实际应纳税额（本期：FZ2-23）			
24	实际应补（退）所得税额（本期：FZ1+FZ3）			2,400.00

(c)

图 3-2-4　企税月（季）度预缴纳税申报表（A 类）（续）

【课后拓展】

企业逃避纳税的具体表现：第一种为骗取税收优惠。税收优惠就是指国家通过税收对经济发展进行调节，以及实施相关方面的社会政策，从而根据税收法的要求，对特定纳税人或征税的对象提供一定的照顾及鼓励的优待规定。在相关法规中，对残疾人开展的事业、民政形式的福利企业等给予一定的支持和帮助。然而，诸多企业通过收集部分残疾人的证件，伪装成自己的员工，向上申请获得优惠。第二种为虚假申报。申报纳税是每个纳税人应该承担的一项义务，这个环节是征收业务办理、完税证明开具等的主要依据，同时，也是一项法定的程序。而诸多企业会在申报纳税的过程中造出不真实的信息情况，其中包括代收纳税报告表、纳税申报表等，从而逃避纳税行为。第三种为关联交易。这种方式主要发生在关联人中间，其出现了关于资源移转或义务事项的安排行为。其本质属于一种商事方面的法律行为，开展的行为方式也是双方之间进行交易。与普通的商事法律行为不同的是，普通商事法律的行为双方之间处于平等的地位，并且严格遵守市场中的竞争原则，而关联交易则是将税收作为行为开展的主要手段及目标，并非市场中的单纯行为，同时，也不在内幕交易范围之内。

企业所得税（核定）月（季）度

案例资料：V3.8 企业所得税季度（B 类）网上申报实训系统 01

一、知识链接

（一）核定征收

核定征收税款是指由于纳税人的会计账簿不健全，资料残缺难以查账，或者其他原因难以准确确定纳税人应纳税额时，由税务机关采用合理的方法依法核定纳税人应纳税款的一种征收方式，简称核定征收。

采用应税所得率方式核定征收企业所得税的，应纳所得税额计算公式如下：

$$应纳所得税额＝应纳税所得额×适用税率$$

$$应纳税所得额＝应税收入额×应税所得率$$

或　　$$应纳税所得额＝成本(费用)支出额/(1-应税所得率)×应税所得率$$

(二)小型微利企业税收优惠政策

1. 财政部、税务总局公告 2021 年第 12 号

2021年1月1日至2022年12月31日，对小型微利企业年应纳税所得额不超过100万元的部分，在《财政部、税务总局关于实施小微企业普惠性税收减免政策的通知》第二条规定的优惠政策基础上，再减半征收企业所得税。

2. 财税〔2019〕13号

2019年1月1日至2021年12月31日，对小型微利企业年应纳税所得额不超过100万元的部分，减按25%计入应纳税所得额，按20%的税率缴纳企业所得税；对年应纳税所得额超过100万元但不超过300万元的部分，减按50%计入应纳税所得额，按20%的税率缴纳企业所得税。

上述小型微利企业是指从事国家非限制和禁止行业，且同时符合年度应纳税所得额不超过300万元、从业人数不超过300人、资产总额不超过5 000万元三个条件的企业。

二、实训流程

企业所得税季度(B类)网上申报实训流程如图 3-2-5 所示。

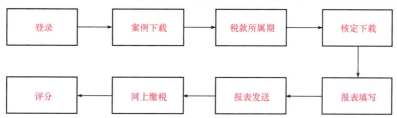

图 3-2-5　企业所得税季度(B类)网上申报实训流程

三、实训须知

(1)请务必完整查看"实训流程"部分内容，避免因步骤操作不正确导致出错。
(2)案例业务所涉及的会计、税收法律法规政策截至 2021 年 5 月 31 日。
(3)计算结果以四舍五入方式保留两位小数。
(4)必选项目：核定征收方式为核定应税所得率(能核算收入总额的)。

四、案例资料

(一)纳税人基础信息

公司名称：杭州金华批发有限公司

纳税人识别号：91240200057440013A
所属行业：商品流通业
纳税人资格：一般纳税人
企税核定类型：核定征收
企业所得税申报期限：季
纳税信用等级：A
纳税人状态：正常
登记日期：2017年05月20日
法定代表人：王宇江
身份证件号码：330100198902166648
经济性质：有限公司
注册资本：200万元
会计准则：小企业会计准则
开户银行：中国建设银行杭州支行
银行账号：400236754624500
注册地址：杭州市上城区海潮路1299号
电话：17208172905
生产经营地址：杭州市上城区海潮路1299号
生产经营范围：日用百货批发、零售
会计核算软件：亿企代账
记账本位币：人民币
会计档案存放地：公司档案室
会计政策和估计是否发生变化：否
固定资产折旧方法：年限平均法
存货成本计价方法：先进先出法
所得税计算方法：资产负债表债务法
主管税务机关：国家税务总局杭州市上城区税务局
是否出口退税企业：否

(二)业务资料

杭州金华批发有限公司是杭州市所属企业，以日用百货批发、零售为主营业务。

企业2021年第一季度从业人数季初20人，季末25人，资产总额季初112.05万元，季末132.80万元；第二季度从业人数季初25人，季末30人，资产总额季初132.80万元，季末165.60万元。季度平均值从业人数25人，资产总额135.81万元。

该企业虽设置账簿，但无专职财务人员管理公司账目，导致账目混乱，成本资料、费用凭证残缺不全，税局人员难以查账征收企业税费，但该企业负责人表明能够准确提供销货发票凭证并能提供当期银行进账单，税务机关出具的企业所得税核定征收鉴定表中注明该企业实行按收入总额核定应税所得率，税务机关参照商品流通行业的应税所得率及企业实际经营规模确定其应税所得率为5%。企业为非汇总企业，无分支结构。

杭州金华批发有限公司已预缴2021年第一季度企业所得税，共计880.00元。现进行2021年第二季度企业所得税申报，相关资料如下。

2021年06月份利润表资料见表3-2-2。

表3-2-2 利润表

编制单位：杭州金华批发有限公司　　　　2021年06月　　　　　　　　单位：人民币　元

项目	本年累计	本期金额
一、营业收入	1 204 000.00	636 000.00
减：营业成本	588 120.00	274 600.00
税金及附加	32 106.00	15 144.00
其中：消费税		
增值税		
城市维护建设税		
资源税		
土地增值税		
城镇土地使用税、房产税、车船税、印花税		
销售费用	64 226.00	30 113.00
其中：商品维修费		
广告费和业务宣传费		
管理费用	86 042.00	41 023.00
其中：开办费		
业务招待费		
研究费用		
财务费用	5 390.00	2 600.00
其中：利息费用		
加：投资收益（损失以"－"号填列）		
二、营业利润（亏损以"－"号填列）	428 116.00	272 520.00
加：营业外收入	5 000.00	600.00
其中：政府补助		
减：营业外支出	2 800.00	1 000.00
其中：坏账损失		
无法收回的长期债券投资损失		
无法收回的长期股权投资损失		
自然灾害等不可抗力因素造成的损失		
税收滞纳金		
三、利润总额（亏损总额以"－"号填列）	430 316.00	272 120.00
减：所得税费用		
四、净利润（净亏损以"－"号填列）	430 316.00	272 120.00

五、报告提交

通过以上纳税申报数据形成纳税申报表依次保存,报表数据上报成功后,进入评分系统选择相对应的案例进行系统评分,将各报表依次打印,主要的申报表打印有企业所得税核定征收月(季)度预缴申报表。

操作步骤:

(1)登录平台,选择"企税"→"企税核定月(季)申报实训系统"。企税核定月(季)申报登录界面如图 3-2-6 所示。

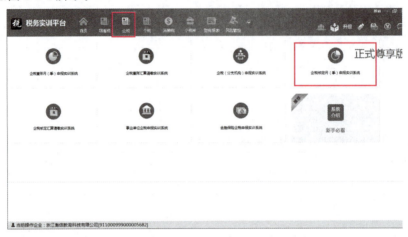

图 3-2-6　企税核定月(季)申报登录界面

(2)按照案例中的要求流程,完成申报后且单击"评分"按钮(注意:在进行申报表填写前,根据案例具体内容进行核定下载设置)了解实训情况。企税核定月(季)申报核定下载界面如图 3-2-7 所示。

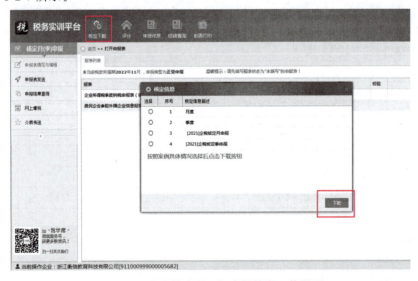

图 3-2-7　企税核定月(季)申报核定下载界面

企税核定月(季)申报填写界面如图 3-2-8 所示。

图 3-2-8　企税核定月(季)申报填写界面

(3)实训完成后如需要修改,可通过单击"作废申报"按钮进行作废后修改申报表,申报表可以直接在原有基础上修改。

案例解析参考:企税月(季)度预缴和年度纳税申报表(B类)如图 3-2-9 所示。

业务处理说明:

符合小型微利企业减免所得税 $=60\,200\times25\% - 60\,200\times25\%\times20\%\times50\%$
$=13\,545(元)$

图 3-2-9　企税月(季)度预缴和年度纳税申报表(B类)

【课后拓展】

民无信不立,人人都需要遵守诚信原则。偷税、漏税、逃税都是违法行为,要承担法律责任。

> **广西桂锦祥投资有限公司隐匿收入偷税案例**
>
> 国家税务总局南宁市税务局第一稽查局
>
> 税务行政处罚决定书(摘录)
>
> 南宁税一稽罚〔2020〕241 号
>
> 广西桂锦祥投资有限公司,你公司存在违法事实及处罚决定如下:
>
> 一、违法事实
>
> …,设立两套账本,隐瞒销售收入…
>
> 二、处罚决定
>
> …,已构成偷税,偷税金额为增值税 30 055 891.45 元、城市维护建设税 2 103 912.40 元、企业所得税 2 679 047.31 元、印花税 91 347.38 元,合计 34 930 198.54 元,对你公司处以少缴税款两倍罚款,罚款金额为 69 860 397.08 元。
>
> 二〇二〇年五月七日

企税年度(查账)汇算清缴申报系统

案例资料:V3.8 企业所得税年度(A 类)网上申报实训系统教学案例 01

一、知识链接

根据《关于企业职工教育经费税前扣除政策的通知》(财税〔2018〕51 号),自 2018 年 1 月 1 日起,企业发生的职工教育经费支出,不超过工资薪金总额 8%的部分,准予在计算企业所得税应纳税所得额时扣除;超过部分,准予在以后纳税年度结转扣除。表 A105000《纳税调整项目明细表》第 30 行"(十七)其他":填报其他因会计处理与税收规定有差异需纳税调整的扣除类项目金额,企业将货物、资产、劳务用于捐赠、广告等用途时,进行视同销售纳税调整后,对应支出的会计处理与税收规定有差异需纳税调整的金额填报在本行。若第 1 列≥第 2 列,第 3 列"调增金额"填报第 1~2 列金额。若第 1 列<第 2 列,第 4 列"调减金额"填报第 1~2 列金额的绝对值。

二、实训流程

企业所得税年度(A 类)网上申报实训流程如图 3-2-10 所示。

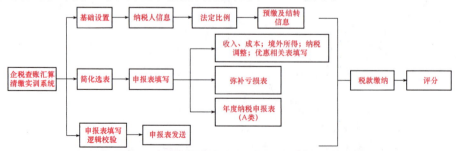

图 3-2-10　企业所得税年度(A 类)网上申报实训流程

三、实训须知

(1)案例业务所涉及的会计、税收法律法规政策截至 2021 年 12 月 31 日。
(2)计算结果以四舍五入方式保留两位小数。
(3)不采用一般企业财务报表格式(2019 年版)。
(4)实训案例税款所属期为 2021 年。

四、案例资料

衡信教育科技有限公司成立于 2015 年 01 月 01 日,属于增值税一般纳税人,税务机关核定的企业所得税征收方式为查账征收,按照实际利润预缴方式预缴企业所得税。其他基本信息如下:

非跨地区经营企业,非小型微利企业,非上市公司。资产总额 1 000 万元,从业人数 308 人(无残疾人员、无国家鼓励安置的其他就业人员)。

股东信息:周凯(中国国籍,身份证 330101196011120101)投资比例 60%;李雅欣(中国国籍,身份证 330101196505065233)投资比例 40%。

公司适用的所得税税率为 25%。
所属行业:8391 职业技能培训
会计主管:方易元
适用的会计准则:企业会计准则(一般企业)
采用的境外所得抵免方式:不分国(地区)不分项
会计档案存放地:浙江省杭州市
会计核算软件:用友
记账本位币:人民币
会计政策和估计是否发生变化:否
固定资产折旧方法:年限平均法
存货成本计价方法:先进先出法
坏账损失核算方法:备抵法
所得税计算方法:资产负债表债务法(企业会计准则要求对企业所得税采用资产负债表债务法进行核算)

按税收规定比例扣除的职工教育经费 8%、广告费和业务宣传费 15%。

现进行该公司 2021 年度企业所得税汇算清缴,已经预缴所得税额 117.52 万元,相关资料如下:衡信教育科技有限公司利润见表 3-2-3,企业收入明细见表 3-2-4,成本支出明细见表 3-2-5,期间费用明细见表 3-2-6,境外所得纳税调整项目见表 3-2-7,免税收入明细见表 3-2-8,资产折旧/摊销情况见表 3-2-9,职工薪酬调整明细见表 3-2-10,其他纳税调整项目见表 3-2-11,企业所得税弥补亏损明细见表 3-2-12(注:金额单位统一为万元)。

表 3-2-3 利润表

编制单位：衡信教育科技有限公司　　　　2021 年 12 月 31 日　　　　单位：人民币 万元

项目	本月数	本年累计
一、营业收入	1 000.00	8 200.00
减：营业成本	430.00	5 136.00
税金及附加	15.00	205.00
销售费用	90.00	1 010.00
管理费用	105.00	1 250.00
研发费用		
财务费用	9.00	102.00
其中：利息费用		
利息收入		
资产减值损失	50.00	50.00
信用减值损失		
加：其他收益		
投资收益（损失以"－"号填列）	105.00	105.00
其中：对联营企业和合营企业的投资收益		
净敞口套期收益（损失以"－"号填列）		
公允价值变动收益（损失以"－"号填列）	20.00	20.00
资产处置收益（损失以"－"号填列）		
二、营业利润（亏损以"－"号填列）	426.00	572.00
加：营业外收入		54.60
减：营业外支出		39.00
三、利润总额（亏损总额以"－"号填列）	426.00	587.60
减：所得税费用	106.50	117.52
四、净利润（净亏损以"－"号填列）	319.50	470.08
（一）持续经营净利润（净亏损以"－"号填列）		
（二）终止经营净利润（净亏损以"－"号填列）		
五、其他综合收益的税后净额		
（一）不能重分类进损益的其他综合收益		
1. 重新计量设定受益计划变动额		
2. 权益法下不能转损益的其他综合收益		
3. 其他权益工具投资公允价值变动		
4. 企业自身信用风险公允价值变动		
……		
（二）将重分类进损益的其他综合收益		
1. 权益法下可转损益的其他综合收益		
2. 其他债权投资公允价值变动		
3. 金融资产重分类计入其他综合收益的金额		
4. 其他债权投资信用减值准备		
5. 现金流量套期储备		
6. 外币财务报表折算差额		

表 3-2-4 企业收入明细表

一级科目	明细科目	金额	备注
主营业务收入	销售商品收入	6 800.00	
	提供劳务收入	600.00	
	让渡资产使用权收入	800.00	
营业外收入	非货币性资产交换利得	40.00	
	政府补助利得	12.00	企业不能提供规定资金专项用途的资金拨付文件
	其他	2.60	

表 3-2-5 成本支出明细表

一级科目	明细科目	金额	备注
主营业务收入	销售商品成本	4 156.00	
	提供劳务成本	420.00	
	让渡资产使用权成本	560.00	
营业外支出	罚没支出	9.00	工商滞纳金3万元,合同违约金6万元
	其他	30.00	给购货方回扣12万元,环境保护支出8万元,关联企业赞助支出10万元

表 3-2-6 期间费用明细表

一级科目	明细科目	金额	备注
销售费用	职工薪酬	302.14	
	广告费	707.86	
管理费用	职工薪酬	697.86	
	资产折旧摊销费	58.86	
	其他	493.28	
财务费用	佣金和手续费	0.90	
	利息支出	0.50	
	现金折扣	92.60	
	其他	8.00	

备注:广告费中包括2021年公司将一批自产产品(适用增值税税率为13%)用于市场推广,该批自产产品不含税公允价值为65 000.00元,生产成本为40 000.00元。

表 3-2-7 境外所得纳税调整项目表

国家	境外税后所得(财产转让所得)	境外所得税税率	境外所得换算含税所得	境外直接缴纳的所得税额(可抵免税额)	可抵免限额
美国	78.00	35%	120.00	42.00	30.00

表 3-2-8 免税收入明细表

收入类型	金额	备注
国债利息收入	50.00	
股息（居民企业）	55.00	2020 年 07 月 01 日直接投资 A 企业（统一社会信用代码：91330823220264370B）220 万元，占股 5%，2021 年 12 月 22 日 A 企业公布利润分配决定，衡信教育科技有限公司获得股利 55 万元

表 3-2-9 资产折旧/摊销情况表

资产折旧/摊销情况（备注：企业本年度不享受固定资产加速折旧）

资产项目	会计				税法			
	原值	折旧年限/年	本年折旧/摊销额	累计折旧/摊销额	原值	折旧年限/年	本年折旧/摊销额	累计折旧/摊销额
生产专用器具	155.00	10	15.50	62.00	105.00	10	10.50	42.00
办公电子设备等	100.00	6	15.83	79.15	100.00	6	15.83	79.15
专利权	413.00	15	27.53	110.12	722.75	15	41.30	165.20

表 3-2-10 职工薪酬调整明细表

项目	账载金额	实际发生额	税收金额	备注
职工薪酬	1 000.00	1 000.00	1 000.00	
职工福利费	210.00	210.00	140.00	工资 14%允许扣除
职工教育经费	40.00	40.00	40.00	工资 8%允许扣除，超支部分可在以后年度无限结转
工会经费	20.00	20.00	20.00	工资 2%允许扣除

表 3-2-11 其他纳税调整项目表

项目类别	金额	备注
公允价值变动损益	20.00	投资性房地产在 2021 年度的公允价值变动金额
罚金、罚款	3.00	工商滞纳金 3 万元（不予扣除）
赞助支出	10.00	关联企业赞助支出 10 万元（不予扣除）
与取得收入无关的支出	12.00	给购货方回扣 12 万元（不予扣除）
资产减值准备金	50.00	计提坏账准备 20 万元，存货跌价准备 30 万元

表 3-2-12 企业所得税弥补亏损明细表

年度	盈利额或亏损额	备注
2016	8.60	
2017	2.50	
2018	12.00	
2019	36.00	
2020	10.32	

五、报告提交

通过以上纳税申报数据形成纳税申报表依次保存,报表数据上报成功后,进入评分系统选择相对应的案例进行系统评分,将实训报告封面各报表依次打印,主要的申报表打印如下。

(1)进行系统评分后打印实训报告封面。
(2)企业所得税年度纳税申报主表及其附表。

操作步骤:

(1)登录平台,选择"企税"→"企税查账汇算清缴实训系统"。企税查账汇算清缴登录界面如图 3-2-11 所示。

图 3-2-11　企税查账汇算清缴登录界面

(2)按照案例中的要求流程,完成申报后且单击"评分"按钮,了解实训情况。企税查账汇算清缴界面如图 3-2-12 所示。

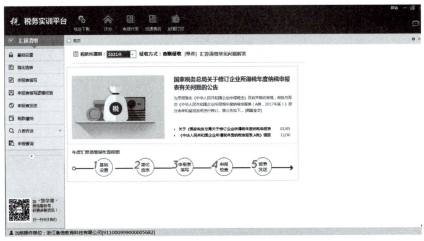

图 3-2-12　企税查账汇算清缴界面

(3)实训完成后如需要修改,可通过单击"作废申报"按钮进行作废后修改申报表,申报表可以直接在原有基础上修改。

案例解析参考[因企税年度汇算报表涉及较多,案例解析参考主要展示 A10000 中华人民共和国企业所得税年度纳税申报表(A 类)、A105000 纳税调整项目明细表,其余可参考税务实训平台教师端详细答案]。

业务处理说明见表 3-2-13,中华人民共和国企业所得税年度纳税申报表(A 类)见表 3-2-14,纳税调整项目明细见表 3-2-15。

表 3-2-13　业务处理说明表

经济业务 4	"境外所得纳税调整项目"纳税报表填写见表 A108000、表 A108010
经济业务 8	表 A105060 中的"本年计算广告费和业务宣传费扣除限额的销售(营业)收入"包括营业收入和视同销售收入

表 3-2-14　中华人民共和国企业所得税年度纳税申报表(A 类)　　A100000

行次	类别	项目	金额
1	利润总额计算	一、营业收入(填写 A101010\101020\103000)	82 000 000.00
2		减:营业成本(填写 A102010\102020\103000)	51 360 000.00
3		减:税金及附加	2 050 000.00
4		减:销售费用(填写 A104000)	10 100 000.00
5		减:管理费用(填写 A104000)	12 500 000.00
6		减:财务费用(填写 A104000)	1 020 000.00
7		减:资产减值损失	500 000.00
8		加:公允价值变动收益	200 000.00
9		加:投资收益	1 050 000.00
10		二、营业利润(1-2-3-4-5-6-7+8+9)	5 720 000.00
11		加:营业外收入(填写 A101010\101020\103000)	546 000.00
12		减:营业外支出(填写 A102010\102020\103000)	390 000.00
13		三、利润总额(10+11-12)	5 876 000.00
14	应纳税所得额计算	减:境外所得(填写 A108010)	1 200 000.00
15		加:纳税调整增加额(填写 A105000)	1 515 000.00
16		减:纳税调整减少额(填写 A105000)	352 700.00
17		减:免税、减计收入及加计扣除(填写 A107010)	1 050 000.00
18		加:境外应税所得抵减境内亏损(填写 A108000)	0.00
19		四、纳税调整后所得(13-14+15-16-17+18)	4 788 300.00
20		减:所得减免(填写 A107020)	0.00
21		减:弥补以前年度亏损(填写 A106000)	0.00
22		减:抵扣应纳税所得额(填写 A107030)	0.00
23		五、应纳税所得额(19-20-21-22)	4 788 300.00

续表

行次	类别	项目	金额
24	应纳税额计算	税率(25%)	25.00%
25		六、应纳所得税额(23×24)	1 197 075.00
26		减:减免所得税额(填写A107040)	0.00
27		减:抵免所得税额(填写A107050)	0.00
28		七、应纳税额(25-26-27)	1 197 075.00
29		加:境外所得应纳所得税额(填写A108000)	300 000.00
30		减:境外所得抵免所得税额(填写A108000)	300 000.00
31		八、实际应纳所得税额(28+29-30)	1 197 075.00
32		本年累计实际已缴纳的所得税额	1 175 200.00
33		九、本年应补(退)所得税额(31-32)	21 875.00
34		其中:总机构分摊本年应补(退)所得税额(填写A109000)	0.00
35		财政集中分配本年应补(退)所得税额(填写A109000)	0.00
36		总机构主体生产经营部门分摊本年应补(退)所得税额(填写A109000)	0.00

表 3-2-15 纳税调整项目明细表　　　　　　　　　　　　　　　　　　A105000

行次	项目	账载金额	税收金额	调增金额	调减金额
		1	2	3	4
1	一、收入类调整项目(2+3+4+5+6+7+8+10+11)	0	0	65 000.00	200 000.00
2	(一)视同销售收入(填写A105010)	0	65 000.00	65 000.00	0
3	(二)未按权责发生制原则确认的收入(填写A105020)	0.00	0.00	0.00	0.00
4	(三)投资收益(填写A105030)	0.00	0.00	0.00	0.00
5	(四)按权益法核算长期股权投资对初始投资成本调整确认收益	0	0	0	0.00
6	(五)交易性金融资产初始投资调整	0	0	0.00	0
7	(六)公允价值变动净损益	200 000.00	0	0.00	200 000.00
8	(七)不征税收入	0	0	0.00	0.00
9	其中:专项用途财政性资金(填写A105040)	0	0	0.00	0.00
10	(八)销售折扣、折让和退回	0.00	0.00	0.00	0.00
11	(九)其他	0.00	0.00	0.00	0.00
12	二、扣除类调整项目(13+14+…+24+26+27+28+29+30)	0	0	950 000.00	65 000.00
13	(一)视同销售成本(填写A105010)	0	40 000.00	0	40 000.00

续表

行次	项目	账载金额	税收金额	调增金额	调减金额
		1	2	3	4
14	(二)职工薪酬(填写 A105050)	12 700 000.00	12 000 000.00	700 000.00	0.00
15	(三)业务招待费支出	0.00	0.00	0.00	0
16	(四)广告费和业务宣传费支出(填写 A105060)	0	0	0.00	0.00
17	(五)捐赠支出(填写 A105070)	0.00	0.00	0.00	0.00
18	(六)利息支出	0.00	0.00	0.00	0.00
19	(七)罚金、罚款和被没收财物的损失	30 000.00	0	30 000.00	0
20	(八)税收滞纳金、加收利息	0.00	0.00	0.00	0.00
21	(九)赞助支出	100 000.00	0	100 000.00	0
22	(十)与未实现融资收益相关在当期确认的财务费用	0.00	0.00	0.00	0.00
23	(十一)佣金和手续费支出(保险企业填写 A105060)	0.00	0.00	0.00	0.00
24	(十二)不征税收入用于支出所形成的费用	0	0	0.00	0
25	其中:专项用途财政性资金用于支出所形成的费用(填写 A105040)	0	0	0.00	0
26	(十三)跨期扣除项目	0.00	0.00	0.00	0.00
27	(十四)与取得收入无关的支出	120 000.00	0	120 000.00	0
28	(十五)境外所得分摊的共同支出	0	0	0.00	0
29	(十六)党组织工作经费	0.00	0.00	0.00	0.00
30	(十七)其他	48 450.00	73 450.00	0.00	25 000.00
31	三、资产类调整项目(32+33+34+35)	0.00	0.00	500 000.00	87 700.00
32	(一)资产折旧、摊销(填写 A105080)	588 600.00	676 300.00	0.00	87 700.00
33	(二)资产减值准备金	500 000.00	0	500 000.00	0.00
34	(三)资产损失(填写 A105090)	0.00	0.00	0.00	0.00
35	(四)其他	0.00	0.00	0.00	0.00
36	四、特殊事项调整项目(37+38+…+43)	0	0	0.00	0
37	(一)企业重组及递延纳税事项(填写 A105100)	0.00	0.00	0.00	0.00
38	(二)政策性搬迁(填写 A105110)	0	0	0.00	0.00
39	(三)特殊行业准备金(39.1+39.2+39.4+39.5+39.6+39.7)	0.00	0.00	0.00	0.00
39.1	1.保险公司保险保障基金	0.00	0.00	0.00	0.00
39.2	2.保险公司准备金	0.00	0.00	0.00	0.00

续表

行次	项目	账载金额	税收金额	调增金额	调减金额
		1	2	3	4
39.3	其中：已发生未报案未决赔款准备金	0.00	0.00	0.00	0.00
39.4	3.证券行业准备金	0.00	0.00	0.00	0.00
39.5	4.期货行业准备金	0.00	0.00	0.00	0.00
39.6	5.中小企业融资（信用）担保机构准备金	0.00	0.00	0.00	0.00
39.7	6.金融企业、小额贷款公司准备金（填写A105120）	0.00	0.00	0.00	0.00
40	（四）房地产开发企业特定业务计算的纳税调整额（填写A105010）	0	0.00	0.00	0.00
41	（五）合伙企业法人合伙人应分得的应纳税所得额	0.00	0.00	0.00	0.00
42	（六）发行永续债利息支出	0.00	0.00	0.00	0.00
43	（七）其他	0	0	0	0
44	五、特别纳税调整应税所得	0	0	0.00	0.00
45	六、其他	0	0	0.00	0.00
46	合计（1＋12＋31＋36＋44＋45）	0	0	1 515 000.00	352 700.00

【课后拓展】

税收国家财政收入的主要来源，是国家赖以存在和实现其各项职能的物质基础。我国的国家利益和集体利益、个人利益在根本上是一致的，税收取之于民，用之于民。国家有了收入，才能为公民提供更多、更好的服务。因此，公民在享受国家提供的各种服务的同时，必须自觉诚信纳税，这是公民的基本义务，也是公民爱国的具体表现。

企税年度（核定）汇算清缴申报系统

案例资料：V3.8企业所得税核定征收年度（B类）网上申报教学版案例03—跨境电商行业

一、知识链接

核定征收税款是指由于纳税人的会计账簿不健全，资料残缺难以查账，或者其他原因难以准确确定纳税人应纳税额时，由税务机关采用合理的方法依法核定纳税人应纳税款的一种征收方式，简称核定征收。

根据国家税务总局《关于印发〈企业所得税核定征收办法〉（试行）的通知》（国税发〔2008〕30号）第六条规定：采用应税所得率方式核定征收企业所得税的，应纳所得税额计算公式如下：

$$应纳税所得额＝应税收入额×应税所得率$$

应纳税所得额＝成本(费用)支出额/(1－应税所得率)×应税所得率

根据国家税务总局《关于跨境电子商务综合试验区零售出口企业所得税核定征收有关问题的公告》(国家税务总局公告2019年第36号)规定，自2020年1月1日起：

(1)综试区内的跨境电商企业，同时符合下列条件的，试行核定征收企业所得税办法：

1)在综试区注册，并在注册地跨境电子商务线上综合服务平台登记出口货物日期、名称、计量单位、数量、单价、金额的；

2)出口货物通过综试区所在地海关办理电子商务出口申报手续的；

3)出口货物未取得有效进货凭证，其增值税、消费税享受免税政策的。

(2)综试区内核定征收的跨境电商企业应准确核算收入总额，并采用应税所得率方式核定征收企业所得税。应税所得率统一按照4%确定。

(3)税务机关应按照有关规定，及时完成综试区跨境电商企业核定征收企业所得税的鉴定工作。

(4)综试区内实行核定征收的跨境电商企业符合小型微利企业优惠政策条件的，可享受小型微利企业所得税优惠政策；其取得的收入属于《中华人民共和国企业所得税法》第二十六条规定的免税收入的，可享受免税收入优惠政策。

小型微利企业：自2019年1月1日至2021年12月31日，从事国家非限制和禁止行业，且同时符合年度应纳税所得额不超过300万元、从业人数不超过300人、资产总额不超过5 000万元三个条件的企业，对年应纳税所得额不超过100万元的部分，减按12.5%计入应纳税所得额，按20%的税率缴纳企业所得税。对年应纳税所得额超过100万元但不超过300万元的部分，减按50%计入应纳税所得额，按20%的税率缴纳企业所得税。

小型微利企业无论按查账征收方式或核定征收方式缴纳企业所得税，均可享受上述优惠政策。

二、实训流程

企业所得税核定征收年度(B类)网上申报实训流程如图3-2-13所示。

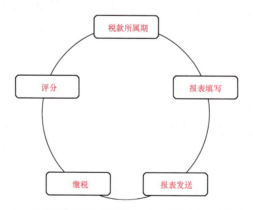

图3-2-13　企业所得税核定征收年度(B类)网上申报实训流程

三、实训须知

(1)案例业务所涉及的会计、税收法律法规政策截至2021年12月31日。
(2)计算结果以四舍五入方式保留两位小数。

四、案例资料

杭州云朵电子商务有限公司属于中国(杭州)跨境电子商务综合试验区注册的电商企业,税务机关核定企业所得税征收方式为核定征收,采用应税所得率方式核定征收企业所得税,应税所得率为4%。

该企业2021年全年平均从业人数80人,资产总额3 800万元,符合小型微利企业的标准。

该企业按季度预缴税款,年度终了后五个月内汇算清缴,多退少补。所得税纳税年度申报的税款所属期限为2021年。请根据综上所述业务资料结合附表资料进行该企业2021年企业所得税年度申报表(B类)填制申报工作。

(1)该公司2021年的收入总额中包括取得国债利息收入40万元。

(2)该公司2020年12月底向杭州乐乐物流有限公司提供借款服务,合同约定借款期限为三年,利息按年支付,合同约定乐乐物流应于2021年12月20日向该公司支付第一年利息金额12万元,由于乐乐物流拖欠未付,该公司在会计上也未将该笔利息确认收入。第四季度预缴时的收入总额并未包含该笔收入。

(3)2021年第四季度的纳税申报表如下:B10000 中华人民共和国企业所得税月(季)度预缴和年度纳税申报表(B类,2018年版)见表3-2-16。

表3-2-16 B10000 中华人民共和国企业所得税月(季)度预缴和年度纳税申报表(B类,2018年版)

税款所属期间:2021年10月1日至2021年12月31日

纳税人识别号(统一社会信用代码):91330106341780571F

纳税人名称:杭州云朵电子商务有限公司   金额单位:人民币 元(列至角分)

核定征收方式	☐核定应税所得率(能核算收入总额的) ☐核定应税所得率(能核算成本费用总额的) ☐核定应纳所得税额								
按季度填报信息									
项目	一季度		二季度		三季度		四季度		季度平均值
	季初	季末	季初	季末	季初	季末	季初	季末	
从业人数									
资产总额/万元									
国家限制或禁止行业	☐是	☐否		小型微利企业			☐是	☐否	
按年度填报信息									
从业人数(填写平均值)				资产总额(填写平均值,单位:万元)					
国家限制或禁止行业	☐是	☐否		小型微利企业			☐是	☐否	

续表

行次	项目	本年累计金额
1	收入总额	60 280 000.00
2	减：不征税收入	
3	减：免税收入(4+5+10+11)	400 000.00
4	国债利息收入免征企业所得税	400 000.00
5	符合条件的居民企业之间的股息、红利等权益性投资收益免征企业所得税(6+7.1+7.2+8+9)	
6	其中：一般股息红利等权益性投资收益免征企业所得税	
7.1	通过沪港通投资且连续持有H股满12个月取得的股息红利所得免征企业所得税	
7.2	通过深港通投资且连续持有H股满12个月取得的股息红利所得免征企业所得税	
8	居民企业持有创新企业CDR取得的股息红利所得免征企业所得税	
9	符合条件的居民企业之间属于股息、红利性质的永续债利息收入免征企业所得税	
10	投资者从证券投资基金分配中取得的收入免征企业所得税	
11	取得的地方政府债券利息收入免征企业所得税	
12	应税收入额(1-2-3)\成本费用总额	59 880 000.00
13	税务机关核定的应税所得率(%)	4.00%
14	应纳税所得额(第12×13行)\[第12行÷(1-第13行)×第13行]	2 395 200.00
15	税率(25%)	25%
16	应纳所得税额(14×15)	598 800.00
17	减：符合条件的小型微利企业减免企业所得税	434 280.00
18	减：实际已缴纳所得税额	133 582.05
L19	减：符合条件的小型微利企业延缓缴纳所得税额(是否延缓缴纳所得税 □是 □否)	
19	本期应补(退)所得税额(16-17-18-L19)\税务机关核定本期应纳所得税额	30 937.95
20	民族自治地方的自治机关对本民族自治地方的企业应缴纳的企业所得税中属于地方分享的部分减征或免征(□ 免征　□ 减征：减征幅度_____%)	
21	本期实际应补(退)所得税额	30 937.95
谨声明：本纳税申报表是根据国家税收法律法规及相关规定填报的，是真实的、可靠的、完整的。		

　　　　　　　　　　　　　　　　　　　　　　　　　　　纳税人(签章)：　　年　月　日

经办人：	受理人：
经办人身份证号：	受理税务机关(章)：
代理机构签章：	
代理机构统一社会信用代码：	受理日期：　　年　月　日

国家税务总局监制

五、报告提交

通过以上纳税申报数据形成纳税申报表依次保存，报表数据上报成功后，进入评分系统选择相对应的案例进行系统评分，将实训报告封面各报表依次打印，主要的申报表打印如下。

（1）进行系统评分后打印实训报告封面。

（2）企业所得税年度纳税申报主表及其附表。

操作步骤：

（1）登录平台，选择"企税"→"企税核定汇算清缴实训系统"。企税核定汇算清缴登录界面如图 3-2-14 所示。

图 3-2-14　企税核定汇算清缴登录界面

（2）需要修改征收方式，单击"修改"按钮，选择"核定应税所得率"后保存。企税核定汇算清缴界面如图 3-2-15 所示。

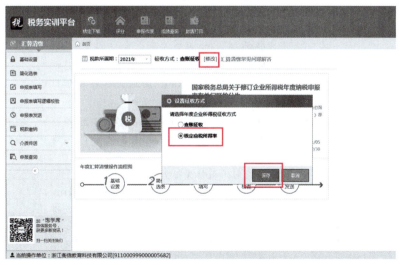

图 3-2-15　企税核定汇算清缴界面

(3)按照案例中的要求流程,完成申报后且单击"评分"按钮,了解实训情况。年度纳税申报表(B类)如图 3-2-16 所示。

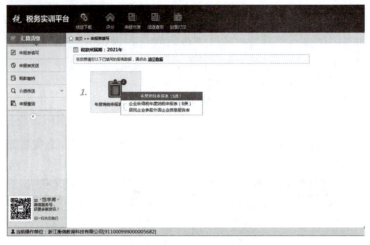

图 3-2-16　年度纳税申报表(B类)

(4)实训完成后如需要修改,可通过单击"作废申报"按钮进行作废后修改申报表,申报表可以直接在原有基础上修改。

(5)案例解析参考,业务处理说明见表 3-2-17,数据计算情况见表 3-2-18。

表 3-2-17　业务处理说明表

序号	业务描述	处理说明	纳税调增	纳税调减
1	该公司 2021 年的收入总额中包括取得国债利息收入 40 万元	《中华人民共和国企业所得税法》第二十六条规定国债利息收入为免税收入。 国家税务总局公告 2019 年第 36 号规定,综试区内实行核定征收的跨境电商企业符合小型微利企业优惠政策条件的,可享受小型微利企业所得税优惠政策;其取得的收入属于《中华人民共和国企业所得税法》第二十六条规定的免税收入的,可享受免税收入优惠政策。 因此,云朵电子商务 2021 年取得的国债利息收入 40 万元属于免税收入。填写在第 4 行"国债利息收入免征企业所得税"	/	400 000.00
2	公司 2020 年 12 月底向杭州乐乐物流有限公司提供借款服务,合同约定借款期限为三年,利息按年支付,合同约定乐乐物流应于 2021 年 12 月 20 日向该公司支付第一年利息金额 12 万元,由于乐乐物流拖欠未付,该公司在会计上也未将该笔利息确认收入	《中华人民共和国企业所得税法实施条例》第十八条第二款规定,利息收入,按照合同约定的债务人应付利息的日期确认收入的实现。 公司向乐乐物流提供借款服务,合同约定 2021 年 12 月应支付第一年利息 12 万元,因此,云朵电子商务应于 2021 年 12 月将该笔 12 万元利息收入确认为企业所得税收入的实现,缴纳企业所得税,即使款项未收取。由于第四季度预缴时的收入总额并未包含该笔收入,因此年度汇算清缴时需要将该笔 12 万元加入收入总额中	120 000.00	/

表 3-2-18　数据计算情况

第四季度预缴时收入总额	60 280 000.00
加：12 月利息收入	120 000.00
减：国债免税收入	400 000.00
应税收入额	60 000 000.00
税务机关核定的应税所得率(%)	4.00%
应纳税所得额	2 400 000.00
税率(25%)	25.00%
应纳所得税额	600 000
减：符合条件的小型微利企业减免企业所得税	435 000
减：实际已缴纳所得税额	164 520
本期应补(退)所得税额	480

2021 年全年平均从业人数 80 人，资产总额 3 800 万元，年度应纳税所得额 240 万元不超过 300 万元，符合小型微利企业的标准。企税月(季)度预缴和年度纳税申报表(B 类，2018 年版)如图 3-2-17 所示。

B100000 中华人民共和国企业所得税月（季）度预缴和年度纳税申报表（B类，2018年版）

税款所属期间：2021年01月01日 至 2021年12月31日

纳税人识别号（统一社会信用代码）：913300999000055531

纳税人名称：友隆兴印刷有限公司　　金额单位：人民币元(列至角分)

核定征收方式：☑ 核定应税所得率（能核算收入总额的）　☐ 核定应税所得率（能核算成本费用总额的）　☐ 核定应纳所得税额

按季度填报信息

项目	一季度		二季度		二季度		四季度		季度平均值
	季初	季末	季初	季末	季初	季末	季初	季末	
从业人数									
资产总额									
国家限制或禁止行业	☐ 是 ☐ 否				小型微利企业		☐ 是 ☐ 否		

按年度填报信息

从业人数(填写平均值)	80	资产总额(填写平均值，单位：万元)	3800.00
国家限制或禁止行业	☐ 是　☑ 否	小型微利企业	☑ 是　☐ 否

行次	项目	本年累计金额
1	收入总额	60,400,000.00
2	减：不征税收入	0.00
3	减：免税收入（4+5+10+11）	400,000.00
4	国债利息收入免征企业所得税	400,000.00
5	符合条件的居民企业之间的股息、红利等权益性投资收益免征企业所得税（6+7.1+7.2+8+9）	0.00
6	其中：一般股息红利等权益性投资收益免征企业所得税	0.00
7.1	通过沪港通投资且连续持有H股满12个月取得的股息红利所得免征企业所得税	0.00
7.2	通过深港通投资且连续持有H股满12个月取得的股息红利所得免征企业所得税	0.00
8	居民企业持有创新企业CDR取得的股息红利所得免征企业所得税	0.00
9	符合条件的居民企业之间属于股息、红利性质的永续债利息收入免征企业所得税	0.00
10	投资者从证券投资基金分配中取得的收入免征企业所得税	0.00
11	取得的地方政府债券利息收入免征企业所得税	0.00
12	应税收入额（1-2-3） \ 成本费用总额	60,000,000.00
13	税务机关核定的应税所得率（%）	4.0000%
14	应纳税所得额（第12×13行） \ [第12行÷（1-第13行）×第13行]	2,400,000.00
15	税率（25%）	25%
16	应纳所得税额（14×15）	600,000.00
17	减：符合条件的小型微利企业减免企业所得税	435,000.00
18	减：实际已缴纳所得税额	164,520.00
19	本期应补（退）所得税额（16-17-18） \ 税务机关核定本期应纳所得税额	480.00
20	民族自治地方的自治机关对本民族自治地方的企业应缴纳的企业所得税中属于地方分享的部分减征或免征（☐ 免征　☐ 减征：减征幅度 0.00 %）	0.00
21	本期实际应补（退）所得税额	480.00

谨声明：本纳税申报表是根据国家税收法律法规及相关规定填报的，是真实的、可靠的、完整的。

		纳税人（签章）：	年 月 日
经办人：		受理人：	
经办人执业证件号码：		受理税务机关（章）：	
代理机构签章：		受理日期：	年 月 日
代理机构统一社会信用代码：			

国家税务总局监制

图 3-2-17　企税月(季)度预缴和年度纳税申报表(B 类，2018 年版)

【课后拓展】

"税"是调节经济最重要的杠杆之一。调节税负与企业和人民群众的生活息息相关,同时,对整个经济社会发展都有巨大影响。如果能够在国家政策允许的范畴内,进行税优规划,通过合规方法,有效管理成本和费用,可以保证企业盈利能力,甚至成为企业产能的助推力。如果选择了不合理甚至违规的避税方法,看似一时对企业有利,但风险无论对企业还是对员工都很大。而作为企业法人的企业老板们,或作为执行者的人力资源管理者,更需要三思而后行,千万不能有侥幸心理,千万不要踩红线,千万不要引火上身。但目前国内的现况是很多中小微企业都采用买发票和做假账的方式进行避税,随着国家对税收的趋严存在过大风险,必须谨慎!

任务三 自然人税收管理及个税师初中高等级训练系统案例操作

知识目标

(1)熟悉自然人税收管理系统扣缴端申报流程及原理;
(2)了解个人所得税预扣预缴新规定;
(3)理解个人所得税基本概念;
(4)掌握个人所得税征税范围及税率;
(5)掌握不同所得项目的个人所得税计算;
(6)掌握个人所得税纳税申报基本知识。

能力目标

(1)能根据经济业务进行个人所得税判断;
(2)能针对发生的经济业务计算个人所得税;
(3)能完成个人所得税扣缴纳税申报表的填制并进行纳税申报;
(4)能完成个人所得税年度综合所得汇算清缴。

素质目标

(1)培养准职业人依法纳税、知法守法的意识;
(2)培养学生树立诚信纳税、纳税光荣的理念;
(3)培养爱国主义情怀。

自然人税收管理实训

案例资料：V3.8 自然人税收管理扣缴端（原个税）申报实训系统教学案例 01

一、知识链接

个税专项附加扣除（全称：个人所得税专项附加扣除），是指个人所得税法规定的子女教育、继续教育、大病医疗、住房贷款利息、住房租金和赡养老人六项专项附加扣除。

1. 子女教育

纳税人的子女（包括年满 3 岁至小学入学前处于学前教育阶段的子女）接受全日制学历教育的相关支出，按照每个子女每月 1 000 元的标准定额扣除。学历教育包括义务教育（小学、初中教育）、高中阶段教育（普通高中、中等职业、技工教育）、高等教育（大学专科、大学本科、硕士研究生、博士研究生教育）。

父母可以选择由其中一方按扣除标准的 100% 扣除，也可以选择由双方分别按扣除标准的 50% 扣除，具体扣除方式在一个纳税年度内不能变更。

2. 赡养老人

纳税人赡养一位及以上被赡养人的赡养支出，统一按照以下标准定额扣除。

(1) 纳税人为独生子女的，按照每月 2 000 元的标准定额扣除。

(2) 纳税人为非独生子女的，由其与兄弟姐妹分摊每月 2 000 元的扣除额度，每人分摊的额度不能超过每月 1 000 元。可以由赡养人均摊或约定分摊，也可以由被赡养人指定分摊。约定或指定分摊的须签订书面分摊协议，指定分摊优先于约定分摊。具体分摊方式和额度在一个纳税年度内不能变更。

所称被赡养人是指年满 60 岁的父母，以及子女均已去世的年满 60 岁的祖父母、外祖父母。

二、实训流程

自然人税收管理扣缴端（原个税）申报实训流程如图 3-3-1 所示。

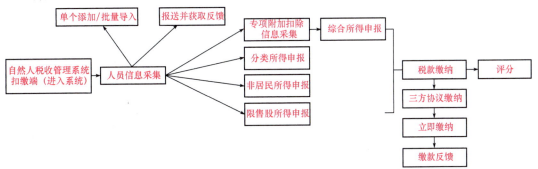

图 3-3-1 自然人税收管理扣缴端（原个税）申报实训流程

三、实训须知

（1）案例业务所涉及的会计、税收法律法规政策截至 2020 年 12 月 31 日。

（2）实训案例税款所属期为 2021 年 1 月。

（3）进入系统前，调整计算机右下角时间为 2021 年 2 月 3 日。

（4）个税案例 01 与个税案例 02 是连续性案例，练习个税案例 02 时需承接案例 01 的数据，故做完案例 01 后不要进行数据初始化，只需调整计算机右下角的时间，可接着进行个税案例 02 的练习。

四、案例资料

（一）纳税人基础信息

公司名称：浙江七鸣教育科技有限公司

电话：0571—56688101　　邮编：330000

公司地址：浙江省杭州市滨江区南环路 1602 号

（二）业务资料

浙江七鸣教育科技有限公司 2021 年 01 月有 10 名境内人员。公司财务人员伊晟计算并发放员工的工资薪金、奖金等，以及预扣预缴个人所得税，10 名境内人员的个人所得与个人所得税计算数据见资料 1 和资料 2。

请审查 2021 年 01 月浙江七鸣教育科技有限公司的个人所得税计算数据是否正确，并进行个人所得税预扣预缴纳税申报。

资料 1：员工基础信息表一见表 3-3-1。

表 3-3-1　员工基础信息表一

工号	姓名	性别	身份证号	联系电话	任职日期	任职受雇从业类型	国籍（地区）
001	何天仁	男	230101198005040054	15668090034	2016—02—01	雇员	中国
002	陈体国	男	370101196911080017	18240063756	2016—02—05	雇员	中国
003	伊晟	男	46010119850715007X	18723056453	2016—03—01	雇员	中国
004	赵瑞伟	男	230101197404150096	15254170806	2016—04—01	雇员	中国
005	肖智	男	130183199001261701	18153230036	2017—05—02	雇员	中国
006	杨李	男	23010119830619003X	15666068808	2017—06—01	雇员	中国
007	叶美珍	女	130283199307038081	15308190726	2017—08—09	雇员	中国
008	薛明	男	130425199401156129	18092198023	2018—02—01	雇员	中国
009	林如海	男	130121199204041822	15606350829	2018—03—01	雇员	中国
010	张霆	男	130582199203030026	18124329009	2018—04—01	雇员	中国

资料 2：员工基础信息表二见表 3-3-2。

表 3-3-2　员工基础信息表二
2021 年 01 月浙江七鸣教育科技有限公司工资保险明细表

工号	姓名	应发工资合计	基本养老保险金	基本医疗保险金	失业保险金	住房公积金	代扣个人所得税	实发工资
001	何天仁	10 000.00	244	61	15	300		
002	陈体国	8 000.00	244	61	15	800		
003	伊晟	15 896.00	244	61	15	1 200		
004	赵瑞伟	12 563.21	244	61	15	1 200		
005	肖智	5 968.00	244	61	15	500		
006	杨李	9 861.36	244	61	15	900		
007	叶美珍	3 420.00	244	61	15	300		
008	薛明	4 310.25	244	61	15	400		
009	林如海	6 930.09	244	61	15	600		
010	张霆	4 692.30	244	61	15	300		

备注：收到总经理何天仁提交的专项附加扣除信息表，家庭情况如下：妻子是家庭主妇苏如（身份证：500110198306192264），家中独子何雨浩（身份证：130425200701156129）于 2020 年 09 月进入杭州建德中学上初三，何天仁也是家中独子，需赡养父亲何大勇（身份证：370101195609290019）、母亲林如梅（身份证：340801196307020125）。

五、报告提交

通过以上纳税申报数据形成纳税申报表依次保存，报表数据上报成功后，进入评分系统选择相对应的案例进行系统评分，将各报表依次打印，主要的申报表打印有综合所得税申报表。

操作步骤：

（1）登录平台，选择"个税"→"自然人税收管理系统扣缴实训"。自然人税收管理系统扣缴登录界面如图 3-3-2 所示。

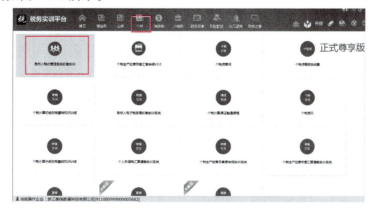

图 3-3-2　自然人税收管理系统扣缴登录界面

（2）按照案例中的要求流程，完成申报后且单击"评分"按钮，了解实训情况。自然人税收管理系统扣缴界面如图 3-3-3 所示。

图 3-3-3　自然人税收管理系统扣缴界面

（3）实训完成后如需要修改，可通过单击每项大类所得的申报表发送界面选择"作废申报"或"更正申报"按钮进行作废/更正后修改申报表，申报表可以直接在原有基础上修改。申报表报送界面如图 3-3-4 所示。

图 3-3-4　申报表报送界面

案例解析参考：业务处理说明见表 3-3-3。

表 3-3-3　业务处理说明表

姓名	项目	计算机时间需要修改到 2021 年 02 月
何天仁	子女教育、赡养老人专项附加扣除	政策依据：根据《个人所得税专项附加扣除暂行办法》规定，纳税人的子女接受全日制学历教育的相关支出，按照每个子女每月 1 000 元的标准定额扣除，扣除比例：由夫妻双方协商确定，每一子女可以在本人或配偶处按照 100% 扣除，也可由双方分别按照 50% 扣除。 因何天仁的妻子是家庭主妇，所以子女教育专项附加扣除要在何天仁处 100% 扣除，享受金额为 1 000 元/月。 政策依据：根据（国发〔2018〕41 号）文件的规定纳税人为独生子女的，纳税人赡养一位及以上被赡养人（年满 60 岁的父母，以及子女均已去世的年满 60 岁的祖父母、外祖父母）的赡养支出，按照每月 2 000 元的标准定额扣除。 根据资料，何天仁可以享受的赡养老人专项附加扣除为 2 000 元/月

申报表报送界面如图 3-3-5 所示。

图 3-3-5　申报表报送界面

【课后拓展】

在对自然人纳税人的涉税处理中,是否可以核定应纳税额? 是否可以责令限期改正、责令限期缴纳? 是否能按税收征管法追究税收违法责任?

税务机关对自然人发生纳税义务、未按税法规定的期限办理纳税申报的行为,应按《中华人民共和国税收征收管理法》的规定责令限期改正;在对自然人的纳税义务履行情况进行税务检查确认时,如自然人纳税人不申报或申报不实,应依法核定其应纳税额,责令缴纳;对自然人纳税人经税务机关通知申报而拒不申报、不缴应纳税款的,可认定为偷税,由税务机关追缴其不缴的税款、滞纳金,并处不缴税款的百分之五十以上五倍以下的罚款。在现行税法规定中,如未按照规定的期限办理纳税申报、不申报或进行虚假的申报等违法行为的构成要件,并不包含是否办理或是否应该办理税务登记。

自然人电子税务局扣缴实训(个税师初级)

自然人电子税务局扣缴实训系统(个税师初级)登录界面如图 3-3-6 所示。

图 3-3-6　自然人电子税务局扣缴实训系统(个税师初级)登录界面

备注:整体操作步骤及所需要备考练习的系统操作和案例内容与自然人税收管理系统一致,可参考,这里不做赘述。

【课后拓展】

税务机关可以直接对自然人纳税人实施税收行政强制吗?

从《中华人民共和国税收征收管理法》税收保全措施、强制执行措施的相关规定看,对不同纳税人的执行手段和执行标的是有差别的。《中华人民共和国税收征收管理法》第三十七条规定的是扣押商品、货物,没有查封;第三十八条、第四十条规定的是查封、扣押商品、货物及其他财产。财产是包括商品、货物在内的所有动产、不动产、无形资产。而商品或货物一般是指处于生产经营过程中的财产。这些规定的差别归纳起来就是:第三十七条在执行手段上没有查封、在执行标的上没有其他财产。这种差别也影响实施税收行政强制的主体资格确定。如果自然人没有商品、货物,只有其他财产——门面或住房、有价证券、现金及其他生活用品等,在这样的情况下,税务机关虽有行政强制权,但因没有第三十七条规定的行政强制执行标的,也是无法实施行政强制的。《中华人民共和国行政诉讼法》第九十七条规定:"公民、法人或者其他组织对行政行为在法定期限内不提起诉讼又不履行的,行政机关可以申请人民法院强制执行,或者依法强制执行。"

对没有商品和货物的自然人,税务机关应依照行政诉讼法的规定申请人民法院强制执行。

生产经营预缴汇缴申报(个税师中级)

案例资料:V3.8 杭州博远财税咨询合伙企业经营所得预缴汇缴综合实训案例01

一、知识链接

2018年8月31日,《中华人民共和国个人所得税法》完成了第七次修正,取消了原"个体工商户的生产、经营所得"与"对企事业单位的承包经营、承租经营所得"税目,新设立"经营所得"税目。"经营所得"沿用了修改前的5%至35%的五级超额累进税率,但将每一档税率适用的级距金额范围予以扩大。

合伙企业是指以下四种企业。
(1)依照《中华人民共和国合伙企业法》登记成立的合伙企业。
(2)依照《中华人民共和国私营企业暂行条例》登记成立的合伙性质的私营企业。
(3)依照《中华人民共和国律师法》登记成立的合伙制律师事务所。
(4)经政府有关部门依照法律法规批准成立的负无限责任和无限连带责任的个人合伙性质的机构或组织。

合伙企业以每个合伙人为纳税义务人。合伙企业以每一纳税年度的收入总额减除成本、费用及损失后的余额,作为投资者个人的生产经营所得。合伙企业的投资者按照合伙企业的全部生产经营所得和合伙协议约定的分配比例确定应纳税所得额,合伙协议没有约定分配比例的,以全部生产经营所得和合伙人数量平均计算每个投资者的应纳税所得额。个人所得税税率表见表3-3-4。

表3-3-4 个人所得税税率表
(经营所得适用)

级数	全年应纳税所得额	税率	速算扣除数
1	不超过30 000元的	5%	0
2	超过30 000元至90 000元的部分	10%	1 500
3	超过90 000元至300 000元的部分	20%	10 500
4	超过300 000元至500 000元的部分	30%	40 500
5	超过500 000元的部分	35%	65 500

二、实训流程

生产经营预缴汇缴申报(个税师中级)实训流程图如图 3-3-7 所示。

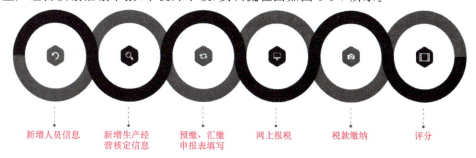

图 3-3-7　生产经营预缴汇缴申报(个税师中级)实训流程图

三、实训须知

(1)案例业务所涉及的会计、税收法律法规政策截至 2021 年 3 月 31 日。
(2)计算结果以四舍五入方式保留两位小数。

四、案例资料

1. 纳税人基础信息

纳税人名称：杭州博远财税咨询合伙企业(有限合伙)
统一社会信用代码：911201158006724986
成立时间：2018 年 06 月 01 日
开户银行及账号：杭州银行解放路支行 3301041235327636
地址及电话：杭州市江干区解放路 82 号 0571-85341362
适用的会计准则：小企业会计准则

企业主要经营范围：服务：财务咨询，税务咨询，代理记账(凭有效许可证经营)，企业管理咨询，代客户办理工商企业登记手续，商标代理，知识产权代理，专利代理，企业形象策划，市场营销策划，商务信息咨询(除商品中介)，企业信用评估咨询，翻译服务。(依法须经批准的项目，经相关部门批准后方可开展经营活动)

出资比例：杭州博远财税咨询合伙企业由张墨、刘天宇两人出资成立，其中张墨出资 60%，刘天宇出资 40%。

税务核定信息：杭州博远财税咨询合伙企业为查账征收企业，个人所得税征收方式为据实预缴，收入、费用等资料健全。纳税期限为季度申报。

2. 业务资料(预缴)

资料 1：杭州博远财税咨询合伙企业利润表(2021 年)见表 3-3-5。

表 3-3-5 利润表（2021 年）

纳税人识别号：911201158006724986 会小企 02 表
核算单位：杭州博远财税咨询合伙企业　　2021-03 单位：元

项目	行次	本年累计金额	本月金额
一、营业收入	1	890 000.00	360 000.00
减：营业成本	2	250 000.00	80 000.00
税金及附加	3	38 500.00	12 500.00
其中：消费税	4	0.00	0.00
增值税	5	0.00	0.00
城市维护建设税	6	0.00	0.00
资源税	7	0.00	0.00
土地增值税	8	0.00	0.00
城镇土地使用税、房产税、车船税、印花税	9	0.00	0.00
教育费附加、矿产资源补偿费、排污费	10	0.00	0.00
销售费用	11	165 000.00	58 600.00
其中：商品维修费	12	0.00	0.00
广告费和业务宣传费	13	0.00	0.00
管理费用	14	106 000.00	34 500.00
其中：开办费	15	0.00	0.00
业务招待费	16	0.00	0.00
研究费用	17	0.00	0.00
财务费用	18	262.00	92.00
其中：利息费用（收入以"－"号填列）	19	0.00	0.00
加：投资收益（损失以"－"号填列）	20	0.00	0.00
二、营业利润（亏损以"－"号填列）	21	330 238.00	174 308.00
加：营业外收入	22	0.00	0.00
其中：政府补助	23	0.00	0.00
减：营业外支出	24	0.00	0.00
其中：坏账损失	25	0.00	0.00
无法收回的长期债券投资损失	26	0.00	0.00
无法收回的长期股权投资损失	27	0.00	0.00
自然灾害等不可抗力因素造成的损失	28	0.00	0.00
税收滞纳金	29	0.00	0.00
三、利润总额（亏损总额以"－"号填列）	30	330 238.00	174 308.00

资料2：人员信息见表3-3-6。

表3-3-6　人员信息表

工号	姓名	性别	身份证号	联系电话	任职日期	国籍
1	张墨	男	330102199003077595	15357692230	2018－06－01	中国
2	刘天宇	男	330102199003070078	17167896542	2018－06－01	中国

资料3：

(1)合伙协议中约定张墨在杭州博远财税咨询合伙企业工作，每月除从杭州博远领取的工资及分得的收入外无其他综合所得，剩余经营所得由张墨、刘天宇按出资比例进行分配，张墨每月实际缴纳三险一金1 878.93元(其中养老保险754.28元，医疗保险286元，失业保险38.65元，公积金800元)，依法可享受的专项附加扣除3 000元(其中子女教育1 000元，赡养老人2 000元)。

(2)刘天宇在杭州远大投资有限公司公司上班，每月领取工资收入12 000元，每月实际缴纳三险一金2 089元(其中养老保险898元，医疗保险326元，失业保险65元，公积金800元)，依法可享受的专项附加扣除1 900元(其中继续教育400元，住房租金1 500元)。

要求：请根据资料进行税款所属期为2021年第一季度个人所得税经营所得预缴纳税申报。

3. 业务资料(汇缴)

2021年03月31日，杭州博远合伙企业财务人员为张墨、刘天宇两名合伙企业出资人进行2020年个人所得税经营所得年度汇算清缴。杭州博远财税咨询合伙企业利润表(2020年)见表3-3-7。

资料1：

表3-3-7　利润表(2020年)

纳税人识别号：911201158006724986　　　　　　　　　　　　　　　　会小企02表
核算单位：杭州博远财税咨询合伙企业　　2020－12　　　　　　　　　　单位：元

项目	行次	本年累计金额	本月金额
一、营业收入	1	10 230 000.00	430 000.00
减：营业成本	2	2 650 000.00	96 000.00
税金及附加	3	670 000.00	16 700.00
其中：消费税	4	0.00	0.00
增值税	5	0.00	0.00
城市维护建设税	6	0.00	0.00
资源税	7	0.00	0.00
土地增值税	8	0.00	0.00
城镇土地使用税、房产税、车船税、印花税	9	0.00	0.00
教育费附加、矿产资源补偿费、排污费	10	0.00	0.00

续表

项目	行次	本年累计金额	本月金额
销售费用	11	2 060 000.00	67 500.00
其中：商品维修费	12	0.00	0.00
广告费和业务宣传费	13	0.00	0.00
管理费用	14	1 860 000.00	30 800.00
其中：开办费	15	0.00	0.00
业务招待费	16	0.00	0.00
研究费用	17	0.00	0.00
财务费用	18	2 868.00	108.00
其中：利息费用（收入以"－"号填列）	19	0.00	0.00
加：投资收益（损失以"－"号填列）	20	0.00	0.00
二、营业利润（亏损以"－"号填列）	21	2 987 132.00	218 892.00
加：营业外收入	22	0.00	0.00
其中：政府补助	23	0.00	0.00
减：营业外支出	24	0.00	0.00
其中：坏账损失	25	0.00	0.00
无法收回的长期债券投资损失	26	0.00	0.00
无法收回的长期股权投资损失	27	0.00	0.00
自然灾害等不可抗力因素造成的损失	28	0.00	0.00
税收滞纳金	29	0.00	0.00
三、利润总额（亏损总额以"－"号填列）	30	2 987 132.00	218 892.00

资料2：

(1)杭州博远合伙企业管理费用中列支张墨工资96 000元、家庭消费性支出20 000元，业务招待费超标列支12 000元，张墨当年无其他所得，张墨每月实际缴纳三险一金1 878.93元（其中养老保险754.28元，医疗保险286元，失业保险38.65元，公积金800元），依法可享受的专项附加扣除3 000元（其中子女教育1 000元，赡养老人2 000元）。

(2)刘天宇在杭州博远合伙企业上班，每月领取工资收入12 000元，每月实际缴纳三险一金2 089元（其中养老保险898元，医疗保险326元，失业保险65元，公积金800元），依法可享受的专项附加扣除1 900元（其中继续教育400元，住房租金1 500元）。

(3)杭州博远合伙企业上年度亏损16 000元需要弥补。

(4)2020年6月20日，刘天宇从杭州博远合伙企业分得的所得中拿出30万元通过中国教育发展基金会（社会信用代码310Y15907980289）向教育事业捐赠现金30万元，凭证号1300030510。

五、报告提交

通过以上纳税申报数据形成纳税申报表依次保存，报表数据上报成功后，进入评分系统选择相对应的案例进行系统评分，将实训报告封面、各报表依次打印。

操作步骤：

(1)登录平台，选择"个税"→"中级实务"→"个税生产经营月(季)度申报实训/个税生产经营年度汇算清缴实训系统"。个税生产经营月(季)度申报/个税生产经营年度汇算清缴登录界面如图3-3-8所示。

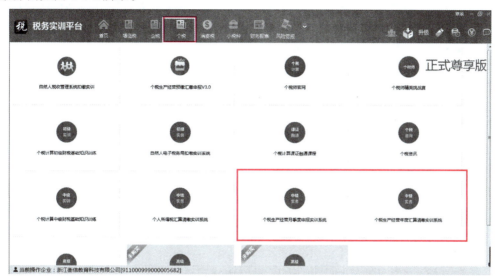

图3-3-8　个税生产经营月(季)度申报/个税生产经营年度汇算清缴登录界面

(2)链接到电子税务局平台，选择预缴/汇缴系统，其中综合案例即包含预缴和汇缴的案例可以直接通过访问汇缴系统完成，里面可进行预缴及汇缴申报，如是专项案例可访问专项系统。以上案例涉及综合案例，因此直接访问汇缴系统即可完成预缴、汇缴两类申报。个税生产经营月(季)度申报/个税生产经营年度汇算清缴界面如图3-3-9所示。

图3-3-9　个税生产经营月(季)度申报/个税生产经营年度汇算清缴界面

(3)找到对应案例，选择实训，单击进入系统。选择案例界面如图3-3-10所示，个人所得税生产经营汇算清缴进入界面如图3-3-11所示。

(4)选择"我要办税"，经营所得(A表)为预缴申报，经营所得(B表)为汇缴申报。"我要办税"界面如图 3-3-12 所示。

(5)按照提示的步骤完成预缴/汇缴申报。被投资单位信息录入界面(A 表)如图 3-3-13 所示,被投资单位信息录入界面(B 表)如图 3-3-14 所示。

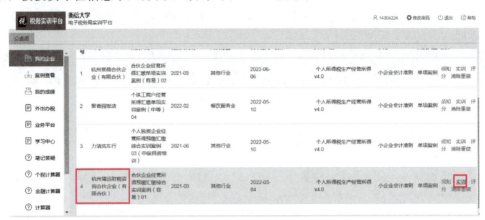

图 3-3-10　选择案例界面

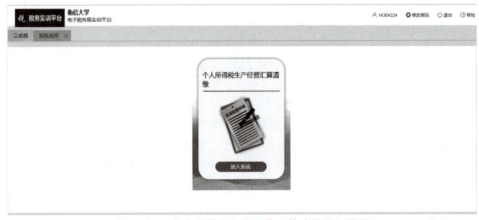

图 3-3-11　个人所得税生产经营汇算清缴进入界面

图 3-3-12　"我要办税"界面

图 3-3-13　被投资单位信息录入界面(A 表)

图 3-3-14　被投资单位信息录入界面(B 表)

(6)操作完成后,可通过"我要查询"进行申报更正/作废。"我要查询"界面如图 3-3-15 所示。

图 3-3-15　"我要查询"界面

案例解析参考：

预缴：更正/作废操作界面如图 3-3-16 所示。

图 3-3-16　更正/作废操作界面 1

个人所得税经营所得纳税申报表一（A 表）见表 3-3-8。

表 3-3-8　个人所得税经营所得纳税申报表一（A 表）

个人所得税经营所得纳税申报表（A 表）				
税款所属期：2021 年 01 月 01 日—2021 年 03 月 31 日				
纳税人姓名：刘天宇				
纳税人识别号：			金额单位：人民币　元（列至角分）	
被投资单位信息	名称：杭州博远财税咨询合伙企业		社会统一信用代码：911201158006724986	
征收方式	■查账征收（据实预缴）　　□查账征收（按上年应纳税所得额预缴） □核定应税所得率征收　　□核定应纳税所得额征收 □税务机关认可的其他方式_____			
项目			行次	金额（比例）
一、收入总额			1	890 000.00
二、成本费用			2	559 762.00
三、利润总额			3	330 238.00
四、弥补以前年度亏损			4	0.00
五、应税所得率/%			5	0.00
六、合伙企业个人合伙人分配比例/%			6	40.000 0
七、允许扣除的个人费用及其他扣除（7＝8＋9＋14）			7	0.00
（一）投资者减除费用			8	
（二）专项扣除（9＝10＋11＋12＋13）			9	0.00
1. 基本养老保险费			10	0.00
2. 基本医疗保险费			11	0.00

续表

项目	行次	金额(比例)
3. 失业保险费	12	0.00
4. 住房公积金	13	0.00
(三)依法确定的其他扣除(14＝15＋16＋17)	14	0.00
1. 商业健康保险	15	0.00
2. 税延养老保险	16	0.00
3. 其他扣除	17	0.00
八、准予扣除的捐赠额	18	0.00
九、应纳税所得额	19	132 095.20
十、税率/%	20	20.00
十一、速算扣除数	21	10 500.00
十二、应纳税额(22＝19×20－21)	22	15 919.04
十三、减免税额(附报《个人所得税减免税事项报告表》)	23	0.00
十四、已缴税额	24	0.00
十五、应补/退税额(25＝22－23－24)	25	15 919.04

谨声明：此表是根据《中华人民共和国个人所得税法》及有关法律法规规定填写的，是真实的、完整的、可靠的。

纳税人签字：　　　　　年 月 日

代理机构(人)签章：	主管税务机关受理专用章：
代理机构(人)经办人：	受理人：
执业证件号码：	
代理申报日期：　　年 月 日	受理日期：　　年 月 日

个人所得税经营所得纳税申报表二(A 表)见表3-3-9。

表 3-3-9　个人所得税经营所得纳税申报表二(A 表)

个人所得税经营所得纳税申报表(A 表)			
税款所属期：2021 年 01 月 01 日—2021 年 03 月 31 日			
纳税人姓名：张墨			
纳税人识别号：		金额单位：人民币　元(列至角分)	
被投资单位信息	名称：杭州博远财税咨询合伙企业	社会统一信用代码：911201158006724986	
征收方式	■查账征收(据实预缴)　　□查账征收(按上年应纳税所得额预缴) □核定应税所得率征收　　□核定应纳税所得额征收 □税务机关认可的其他方式_____		

续表

项目	行次	金额（比例）
一、收入总额	1	890 000.00
二、成本费用	2	559 762.00
三、利润总额	3	330 238.00
四、弥补以前年度亏损	4	0.00
五、应税所得率/％	5	0.00
六、合伙企业个人合伙人分配比例/％	6	60.000 0
七、允许扣除的个人费用及其他扣除(7＝8＋9＋14)	7	20 636.79
（一）投资者减除费用	8	15 000.00
（二）专项扣除(9＝10＋11＋12＋13)	9	5 636.79
1. 基本养老保险费	10	2 262.84
2. 基本医疗保险费	11	858.00
3. 失业保险费	12	115.95
4. 住房公积金	13	2 400.00
（三）依法确定的其他扣除(14＝15＋16＋17)	14	0.00
1. 商业健康保险	15	0.00
2. 税延养老保险	16	0.00
3. 其他扣除	17	0.00
八、准予扣除的捐赠额	18	0.00
九、应纳税所得额	19	177 506.01
十、税率/％	20	20.00
十一、速算扣除数	21	10 500.00
十二、应纳税额(22＝19×20－21)	22	25 001.20
十三、减免税额(附报《个人所得税减免税事项报告表》)	23	0.00
十四、已缴税额	24	0.00
十五、应补/退税额(25＝22－23－24)	25	25 001.20
谨声明：此表是根据《中华人民共和国个人所得税法》及有关法律法规规定填写的，是真实的、完整的、可靠的。 纳税人签字： 年 月 日		
代理机构(人)签章： 代理机构(人)经办人： 执业证件号码： 代理申报日期： 年 月 日	主管税务机关受理专用章： 受理人： 受理日期： 年 月 日	

汇缴：

更正/作废操作界面如图 3-3-17 所示。

图 3-3-17 更正/作废操作界面 2

个人所得税经营所得纳税申报表(B 表)见表 3-3-10。

表 3-3-10 个人所得税经营所得纳税申报表(B 表)

个人所得税经营所得纳税申报表(B 表)(适用于汇算清缴申报)		
税款所属期：2020 年 01 月 01 日—2020 年 12 月 31 日		
纳税人姓名：刘天宇		
纳税人识别号：	金额单位：人民币　元(列至角分)	
被投资单位信息	名称：杭州博远财税咨询合伙企业	纳税人识别号(统一社会信用代码)：911201158006724986
项目	行次	金额/比例
一、收入总额	1	10 230 000.00
其中：国债利息收入	2	0.00
二、成本费用(3＝4＋5＋6＋7＋8＋9＋10)	3	7 242 868.00
(一)营业成本	4	2 650 000.00
(二)营业费用	5	2 060 000.00
(三)管理费用	6	1 860 000.00
(四)财务费用	7	2 868.00
(五)税金	8	670 000.00
(六)损失	9	0.00
(七)其他支出	10	0.00
三、利润总额(11＝1－2－3)	11	2 987 132.00
四、纳税调整增加额(12＝13＋27)	12	128 000.00
(一)超过规定标准的扣除项目金额(13＝14＋15＋16＋17＋18＋19＋20＋21＋22＋23＋24＋25＋26)	13	12 000.00
1. 职工福利费	14	0.00

续表

项目	行次	金额/比例
2. 职工教育经费	15	0.00
3. 工会经费	16	0.00
4. 利息支出	17	0.00
5. 业务招待费	18	12 000.00
6. 广告费和业务宣传费	19	0.00
7. 教育和公益事业捐赠	20	0.00
8. 住房公积金	21	0.00
9. 社会保险费	22	0.00
10. 折旧费用	23	0.00
11. 无形资产摊销	24	0.00
12. 资产损失	25	0.00
13. 其他	26	0.00
（二）不允许扣除的项目金额(27＝28＋29＋30＋31＋32＋33＋34＋35＋36)	27	116 000.00
1. 个人所得税税款	28	0.00
2. 税收滞纳金	29	0.00
3. 罚金、罚款和被没收财物的损失	30	0.00
4. 不符合扣除规定的捐赠支出	31	0.00
5. 赞助支出	32	0.00
6. 用于个人和家庭的支出	33	20 000.00
7. 与取得生产经营收入无关的其他支出	34	0.00
8. 投资者工资薪金支出	35	96 000.00
9. 其他不允许扣除的支出	36	0.00
五、纳税调整减少额	37	0.00
六、纳税调整后所得(38＝11＋12－37)	38	3 115 132.00
七、弥补以前年度亏损	39	16 000.00
八、合伙企业个人合伙人分配比例/%	40	40.000 0
九、允许扣除的个人费用及其他扣除(41＝42＋43＋48＋55)	41	0.00
（一）投资者减除费用	42	0.00
（二）专项扣除(43＝44＋45＋46＋47)	43	0.00
1. 基本养老保险费	44	0.00
2. 基本医疗保险费	45	0.00
3. 失业保险费	46	0.00
4. 住房公积金	47	0.00
（三）专项附加扣除(48＝49＋50＋51＋52＋53＋54)	48	0.00
1. 子女教育	49	0.00
2. 继续教育	50	0.00
3. 大病医疗	51	0.00

续表

项目	行次	金额/比例
4. 住房贷款利息	52	0.00
5. 住房租金	53	0.00
6. 赡养老人	54	0.00
（四）依法确定的其他扣除(55＝56＋57＋58)	55	0.00
1. 商业健康保险	56	0.00
2. 税延养老保险	57	0.00
3. 其他	58	0.00
十、投资抵扣	59	0.00
十一、准予扣除的个人捐赠支出	60	300 000.00
十二、应纳税所得额(61＝38－39－41－59－60)或[61＝(38－39)×40－41－59－60]	61	939 652.80
十三、税率/%	62	35.00
十四、速算扣除数	63	65 500.00
十五、应纳税额(64＝61×62－63)	64	263 378.48
十六、减免税额(附报《个人所得税减免税事项报告表》)	65	0.00
十七、已缴税额	66	0.00
十八、应补/退税额(67＝64－65－66)	67	263 378.48

谨声明：本申报表是根据国家税收法律法规及相关规定填报的，是真实的、可靠的、完整的。

纳税人签字：　　　　　　年　月　日

代理机构签章： 代理机构统一社会信用代码： 经办人： 经办人身份证件号码：	受理人： 受理税务机关(章)： 受理日期：　　年　月　日

个人所得税经营所得纳税申报表（B 表）见表 3-3-11。

表 3-3-11　个人所得税经营所得纳税申报表（B 表）

个人所得税经营所得纳税申报表（B 表）（适用于汇算清缴申报）			
税款所属期：2020 年 01 月 01 日—2020 年 12 月 31 日			
纳税人姓名：张墨			
纳税人识别号：			金额单位：人民币　元(列至角分)
被投资单位信息	名称：杭州博远财税咨询合伙企业	纳税人识别号（统一社会信用代码）： 911201158006724986	
项目		行次	金额/比例
一、收入总额		1	10 230 000.00
其中：国债利息收入		2	0.00
二、成本费用(3＝4＋5＋6＋7＋8＋9＋10)		3	7 242 868.00
（一）营业成本		4	2 650 000.00

续表

项目	行次	金额/比例
（二）营业费用	5	2 060 000.00
（三）管理费用	6	1 860 000.00
（四）财务费用	7	2 868.00
（五）税金	8	670 000.00
（六）损失	9	0.00
（七）其他支出	10	0.00
三、利润总额(11＝1－2－3)	11	2 987 132.00
四、纳税调整增加额(12＝13＋27)	12	128 000.00
（一）超过规定标准的扣除项目金额(13＝14＋15＋16＋17＋18＋19＋20＋21＋22＋23＋24＋25＋26)	13	12 000.00
1. 职工福利费	14	0.00
2. 职工教育经费	15	0.00
3. 工会经费	16	0.00
4. 利息支出	17	0.00
5. 业务招待费	18	12 000.00
6. 广告费和业务宣传费	19	0.00
7. 教育和公益事业捐赠	20	0.00
8. 住房公积金	21	0.00
9. 社会保险费	22	0.00
10. 折旧费用	23	0.00
11. 无形资产摊销	24	0.00
12. 资产损失	25	0.00
13. 其他	26	0.00
（二）不允许扣除的项目金额(27＝28＋29＋30＋31＋32＋33＋34＋35＋36)	27	116 000.00
1. 个人所得税税款	28	0.00
2. 税收滞纳金	29	0.00
3. 罚金、罚款和被没收财物的损失	30	0.00
4. 不符合扣除规定的捐赠支出	31	0.00
5. 赞助支出	32	0.00
6. 用于个人和家庭的支出	33	20 000.00
7. 与取得生产经营收入无关的其他支出	34	0.00
8. 投资者工资薪金支出	35	96 000.00
9. 其他不允许扣除的支出	36	0.00
五、纳税调整减少额	37	0.00
六、纳税调整后所得(38＝11＋12-37)	38	3 115 132.00
七、弥补以前年度亏损	39	16 000.00

续表

项目	行次	金额/比例
八、合伙企业个人合伙人分配比例/%	40	60.000 0
九、允许扣除的个人费用及其他扣除(41＝42＋43＋48＋55)	41	118 547.16
(一)投资者减除费用	42	60 000.00
(二)专项扣除(43＝44＋45＋46＋47)	43	22 547.16
1. 基本养老保险费	44	9 051.36
2. 基本医疗保险费	45	3 432.00
3. 失业保险费	46	463.80
4. 住房公积金	47	9 600.00
(三)专项附加扣除(48＝49＋50＋51＋52＋53＋54)	48	36 000.00
1. 子女教育	49	12 000.00
2. 继续教育	50	0.00
3. 大病医疗	51	0.00
4. 住房贷款利息	52	0.00
5. 住房租金	53	0.00
6. 赡养老人	54	24 000.00
(四)依法确定的其他扣除(55＝56＋57＋58)	55	0.00
1. 商业健康保险	56	0.00
2. 税延养老保险	57	0.00
3. 其他	58	0.00
十、投资抵扣	59	0.00
十一、准予扣除的个人捐赠支出	60	0.00
十二、应纳税所得额(61＝38－39－41－59－60)或[61＝(38－39)×40－41－59－60]	61	1 740 932.04
十三、税率/%	62	35.00
十四、速算扣除数	63	65 500.00
十五、应纳税额(64＝61×62－63)	64	543 826.21
十六、减免税额(附报《个人所得税减免税事项报告表》)	65	0.00
十七、已缴税额	66	0.00
十八、应补/退税额(67＝64－65－66)	67	543 826.21

谨声明：本申报表是根据国家税收法律法规及相关规定填报的，是真实的、可靠的、完整的。

纳税人签字：　　　　　年　月　日

经办人：	受理人：
经办人身份证号：	受理税务机关(章)：
代理机构签章：	
代理机构统一社会信用代码：	受理日期：　　年　月　日

【课后拓展】

辽宁省沈阳市税务局在2021年度个人所得税汇算清缴退税审核时发现并查处了纳税人徐某虚假填报子女教育专项附加扣除案件。经查,纳税人徐某1998年出生,24岁,在自身尚无子女不符合子女教育专项附加扣除填报条件的情况下,听信网络所谓"退税秘笈",将一名出生于2011年的外地亲属子女作为自己的子女,虚假填报了子女教育专项附加扣除。在税务部门提醒后,徐某按规定更正了申报,并补缴了税款。考虑到该纳税人在提示提醒后能够及时更正申报,认错态度良好,税务部门对其进行了批评教育,不予处罚。

税务局有关负责人提醒广大纳税人,依法如实办理个人所得税综合所得汇算清缴是纳税人的法定义务,请如实填报收入、扣除等信息,切勿听信网络等各类小道消息,避免虚假填报影响纳税信用。税务部门将定期对退税申请开展抽查,并会同公安、教育、卫生健康等部门对纳税人填报专项附加扣除涉及的家庭成员身份信息进行核验。对虚假填报收入、扣除等申请退税的,税务机关将依法不予退税、追缴税款及滞纳金,并纳入税收监管重点人员名单,对其以后3个纳税年度申报情况加强审核;情节严重的,将依法进行处罚。

自然人不要存侥幸的心理虚报假报纳税,要按国家相关政策依法纳税。

(国家税务局官网)

个人所得税汇算清缴实训(个税师中级)

案例资料:杭州迅驰信息技术有限公司—2020年—软件行业—个人所得税汇算清缴集中申报

一、企业基本资料

纳税人名称:杭州迅驰信息技术有限公司
纳税人识别号:91330106MA2AYPGL7W
纳税人资格:一般纳税人
企税核定类型:查账征收
企业所得税申报期限:月季
纳税信用等级:A
纳税人状态:正常
登记日期:2013年8月6日
法定代表人:商梅华
身份证件号码:330646198511062666
注册资本:1 200万元
会计准则:企业会计准则(一般企业)
开户银行:中国农业银行西湖区转塘科技经济区块支行
银行账号:22034857202386785
注册地址:浙江省杭州市西湖区转塘科技经济区块16号3幢356室

电话号码：17538082945

生产经营地址：浙江省杭州市西湖区转塘科技经济区块16号3幢356室

生产经营范围：航空系统、卫星通信系统、电子产品（除专控）及手机软硬件技术开发、成果转让；销售（含网上销售）：民用航空器、民用无人机及飞行器、民用直升机、民用自转旋翼飞机、卫星通信设备、无线影音传输产品、电子产品（除专控）、执法记录仪、拍摄装备及器材；实业投资（未经金融等监管部门批准，不得从事向公众融资存款、融资担保、代客理财等金融服务）；经济信息咨询（除商品中介）；货物进出口（法律、行政法规禁止经营的项目除外，法律、行政法规限制经营的项目取得许可证后方可经营）。

会计核算软件：用友

记账本位币：人民币

会计档案存放地：公司档案室

会计政策和估计是否发生变化：否

固定资产折旧方法：年限平均法

存货成本计价方法：先进先出法

所得税计算方法：资产负债表债务法

主管税务机关：国家税务总局杭州市西湖区税务局

是否出口退税企业：否

二、业务资料

境内员工基础信息见表3-3-12。

表3-3-12 境内员工基础信息表

工号	姓名	性别	身份证号	联系电话	任职日期	任职受雇从业类型	国籍（地区）
1	李睿	男	330103199004074335X	17177530820	2014—07—01	雇员	中国
2	李国强	男	110101196509207851	17377031018	2014—11—12	雇员	中国
3	刘峰	男	110101196709070152X	15230031263	2015—09—14	雇员	中国
4	赵苑丽	女	110101197808285408	17107266608	2016—03—12	雇员	中国
5	黄伟波	女	330102198603075214	17603248801	2018—04—06	雇员	中国
6	朱伟文	男	110101195803071333X	15620685403	2014—09—09	雇员	中国
7	庞正	男	120101198706159490	17753077112	2017—04—04	雇员	中国

业务一：

居民纳税人李睿（雇员）2020年1—12月每月取得工资薪金收入15 000元。每月个人缴付三险一金2 450元（基本养老保险1 000元，基本医疗保险200元，失业保险50元，住房公积金1 200元）。

2020年6月取得注册税务师资格证书，3 600元未进行税前扣除，李睿2020年3月通过自学考试考入西南财经大学，9月开始入学报到，学历教育每月400元未进行税前扣除，已预缴个税5 880元。

业务二：

居民纳税人李国强（雇员）2020年1—12月每月取得工资薪金收入12 500元。每月个人缴付三险一金2 450元（基本养老保险1 000元，基本医疗保险200元，失业保险50元，住房公积金1 200元）。

与爱人王媛媛共同养育一儿一女，2020年8月女儿年满3周岁，就读于萧山劲松幼儿园，儿子16岁，高中二年级，就读于萧山一中，李国强选择子女教育在父亲一方进行扣除（2 000元/月），婚前购买一套住房，享受首套贷款利息，选择在爱人王媛媛名下进行扣除（标准1 000元/月），李国强赡养岳父母，岳父母已经均65周岁，全年已经预缴个税1 280元。

业务三：

居民纳税人刘峰（雇员）于2020年4月底退休，退休前每月工资收入35 000元，每月个人缴付三险一金2 450元（基本养老保险1 000元，基本医疗保险200元，失业保险50元，住房公积金1 200元），退休后领取基本养老金。刘峰1—4月已预缴个税3 180元；后8个月基本养老金按规定免征个税。

妻子2020年6月住院，扣除医保报销后个人负担55 000元，选择由刘峰在税前扣除（扣除金额40 000元）；儿子目前就读西南政法大学研究生二年级，符合扣除标准（1 000元/月），选择由刘峰税前扣除。

另外，刘峰在某报刊发布文章，取得稿酬15 000元。

业务四：

居民纳税人赵苑丽（雇员）2020年1—12月每月取得工资薪金收入15 600元。每月个人缴付三险一金2 450元（基本养老保险1 000元，基本医疗保险200元，失业保险50元，住房公积金1 200元）。

独生子女，需赡养自己68岁的父亲，赡养老人符合专项附加扣除规定（每月均扣除），已预缴个税为4 800元。另外，2020年5月其出让一项专利权，取得收入80 000元。主要工作城市在杭州，名下无自有住房（住房租金每月扣除1 500元），2020年3月租赁萧山金色钱塘住宅进行居住。

业务五：

居民纳税人黄伟波（雇员），独生子女，2020年1—12月每月取得工资薪金收入16 000元，无免税收入，每季度最后一个月取得30 000元季度考核奖金收入，每月个人缴付三险一金2 450元（基本养老保险1 000元，基本医疗保险200元，失业保险50元，住房公积金1 200元）。

每月可以办理的专项附加扣除为4 000元（独自赡养老人扣除2 000元，子女教育扣除1 000元，贷款利息1 000元），其中母亲自2020年7月末年满60周岁，贷款买的房子在老家安徽，工作地杭州无住房，租赁滨江钱塘春晓小区居住，选择在工作扣除租房租金（1 500元/月），无其他扣除，已预缴个税为21 480元。

另外，2020年3月取得劳务报酬收入40 000元。

黄伟波从中国太平洋保险公司购买了商业健康保险，全年保险费为3 600.00元，税优识别码为 201600100003328201，保险期间为 2020 年 1 月 1 日至 12 月 31 日。

业务六：

居民纳税人朱伟文（雇员），非独生子女，2020 年 1—12 月每月取得工资薪金收入 30 000 元。每月个人缴付三险一金 2 450 元（基本养老保险 1 000 元，基本医疗保险 200 元，失业保险 50 元，住房公积金 1 200 元）。

专项附加扣除每月扣除 3 500 元（住房租金扣除 1 500 元，赡养老人扣除 1 000 元，子女教育扣除 1 000 元），平时没有扣除其他项目，全年累计预扣预缴个人所得税 15 480 元。

朱伟文 2020 年 8 月 16 日个人直接资助一名残障儿童 10 000 元，同年 2020 年 5 月 12 日通过杭州红十字会（号码：91330100685839502H）向农村义务教育捐赠现金 30 000 元，凭证号：121900122056，预扣预缴时没有扣除，假设无其他项目综合所得收入（备注：农村义务教育捐赠）。

业务七：

居民纳税人庞正（雇员）是一名残疾人，符合税法规定的减征条件。2020 年 1—12 月每月取得工资薪金收入 18 000 元。每月个人缴付三险一金 2 450 元（基本养老保险 1 000 元，基本医疗保险 200 元，失业保险 50 元，住房公积金 1 200 元）。

每月专项附加扣除 3 000 元（赡养老人扣除 2 000 元，子女教育扣除 1 000 元），累计预扣预缴个人所得税 3 480 元。

庞正所在省份残疾人减征个人所得税优惠政策规定，残疾人每人每年最多可减征应纳税额 6 000 元；年度汇算无其他可扣除项目（备注：残疾人减征个人所得）。

通过省天使投资向希望小学捐赠 12 000 元（纳税识别号码：91330540685833512G，凭证号：121900122524，捐赠时间 2020 年 5 月 12 日，备注：向希望小学捐赠）。

操作步骤：

(1)登录平台，选择"个税"→"中级实务"→"个人所得税汇算清缴实训系统"。个人所得税年度汇算清缴平台登录界面如图 3-3-18 所示。

图 3-3-18　个人所得税年度汇算清缴平台登录界面

(2) 链接到电子税务局平台，选择"个税汇算清缴"。个税汇算清缴界面如图 3-3-19 所示。

图 3-3-19　个税汇算清缴界面

(3) 找到对应案例，选择"实训"，单击进入系统。选择案例界面如图 3-3-20 所示，个税汇算清缴集中申报进入界面如图 3-3-21 所示。

图 3-3-20　选择案例界面

图 3-3-21　个税汇算清缴集中申报进入界面

(4)按照系统步骤进行报表填报、退税申请、税款缴纳，单击"评分"按钮，评分后也可通过申报记录查询界面，进行申报更正/作废。报表填报界面如图 3-3-22 所示。

图 3-3-22　报表填报界面

案例解析参考：

李睿个税申报如图 3-3-23 所示。

一、收入合计（1=2+3+4+5）	1	180000
（一）工资、薪金	2	180000
（二）劳务报酬	3	0
（三）稿酬	4	0
（四）特许权使用费	5	0
二、费用合计 [6=(3+4+5)×20%]	6	0
三、免税收入合计（7=8+9）	7	0
（一）稿酬所得免税部分[8=4×(1-20%)×30%]	8	0
（二）其他免税收入	9	0
四、减除费用	10	60000

(a)

图 3-3-23　李睿个税申报图

五、专项扣除合计（11=12+13+14+15）	11	29400
（一）基本养老保险费	12	12000
（二）基本医疗保险费	13	2400
（三）失业保险费	14	600
（四）住房公积金	15	14400
六、专项附加扣除合计（16=17+18+19+20+21+22）	16	5200
（一）子女教育	17	0
（二）继续教育	18	5200
（三）大病医疗	19	0
（四）住房贷款利息	20	0

(b)

（五）住房租金	21	0
（六）赡养老人	22	0
七、其他扣除合计（23=24+25+26+27+28）	23	0
（一）年金	24	0
（二）商业健康保险	25	0
（三）税延养老保险	26	0
（四）允许扣除的税费	27	0
（五）其他	28	0
八、准予扣除的捐赠额	29	0

(c)

九、应纳税所得额（30=1-6-7-10-11-16-23-29）	30	85400
十、税率（%）	31	10%
十一、速算扣除数	32	2520
十二、应纳税额（33=30×31-32）	33	6020

全年一次性奖金个人所得税计算（无住所居民个人预判为非居民个人取得的数月奖金，选择按全年一次性奖金计税的填写本…

■是 ■否

一、全年一次性奖金收入	34	0
二、准予扣除的捐赠额	35	0
三、税率（%）	36	0
四、速算扣除数	37	0

(d)

图 3-3-23　李睿个税申报图（续）

五、应纳税额[38=（34-35）×36-37]	38	0
应补（退）税款计算		
一、应纳税额合计（39=33+38）	39	6020
二、减免税额	40	0
三、已缴税额	41	5880
四、应补/退税额（42=39-40-41）	42	140

（e）

图 3-3-23　李睿个税申报图（续）

李国强个税申报图如图 3-3-24 所示。

一、收入合计（1=2+3+4+5）	1	150000
（一）工资、薪金	2	150000
（二）劳务报酬	3	0
（三）稿酬	4	0
（四）特许权使用费	5	0
二、费用合计[6=(3+4+5)×20%]	6	0
三、免税收入合计（7=8+9）	7	0
（一）稿酬所得免税部分[8=4×(1-20%)×30%]	8	0
（二）其他免税收入	9	0
四、减除费用	10	60000

（a）

五、专项扣除合计（11=12+13+14+15）	11	29400
（一）基本养老保险费	12	12000
（二）基本医疗保险费	13	2400
（三）失业保险费	14	600
（四）住房公积金	15	14400
六、专项附加扣除合计（16=17+18+19+20+21+22）	16	17000
（一）子女教育	17	17000
（二）继续教育	18	0
（三）大病医疗	19	0
（四）住房贷款利息	20	0

（b）

图 3-3-24　李国强个税申报图

（五）住房租金	21	0
（六）赡养老人	22	0
七、其他扣除合计（23=24+25+26+27+28）	23	0
（一）年金	24	0
（二）商业健康保险	25	0
（三）税延养老保险	26	0
（四）允许扣除的税费	27	0
（五）其他	28	0
八、准予扣除的捐赠额	29	0

(c)

九、应纳税所得额（30=1-6-7-10-11-16-23-29）	30	43600
十、税率（%）	31	10%
十一、速算扣除数	32	2520

(d)

十二、应纳税额（33=30×31-32）	33	1840
全年一次性奖金个人所得税计算（无住所居民个人预判为非居民个人取得的数月奖金，选择按全年一次性奖金计税的填写本表） ■是 ■否		
一、全年一次性奖金收入	34	0
二、准予扣除的捐赠额	35	0
三、税率（%）	36	0
四、速算扣除数	37	0

(e)

五、应纳税额[38=（34-35）×36-37]	38	0
应补（退）税款计算		
一、应纳税额合计（39=33+38）	39	1840
二、减免税额	40	0
三、已缴税额	41	1280

(f)

图 3-3-24　李国强个税申报图（续）

刘峰个税申报图如图 3-3-25 所示。

一、收入合计（1=2+3+4+5）	1	155000
（一）工资、薪金	2	140000
（二）劳务报酬	3	0
（三）稿酬	4	15000
（四）特许权使用费	5	0
二、费用合计 [6=(3+4+5)×20%]	6	3000

(a)

三、免税收入合计（7=8+9）	7	3600
（一）稿酬所得免税部分[8=4×(1-20%)×30%]	8	3600
（二）其他免税收入	9	0
四、减除费用	10	60000
五、专项扣除合计（11=12+13+14+15）	11	9800

(b)

（一）基本养老保险费	12	4000
（二）基本医疗保险费	13	800
（三）失业保险费	14	200
（四）住房公积金	15	4800
六、专项附加扣除合计（16=17+18+19+20+21+22）	16	52000

(c)

（一）子女教育	17	12000
（二）继续教育	18	0
（三）大病医疗	19	40000
（四）住房贷款利息	20	0
（五）住房租金	21	0
（六）赡养老人	22	0
七、其他扣除合计（23=24+25+26+27+28）	23	0
（一）年金	24	0

(d)

图 3-3-25　刘峰个税申报图

（二）商业健康保险	25	0
（三）税延养老保险	26	0
（四）允许扣除的税费	27	0
（五）其他	28	0
八、准予扣除的捐赠额	29	0
九、应纳税所得额（30=1-6-7-10-11-16-23-29）	30	26600
十、税率（%）	31	3%
十一、速算扣除数	32	0.00
十二、应纳税额（33=30×31-32）	33	798

全年一次性奖金个人所得税计算（无住所居民个人预判为非居民个人取得的数月奖金，选择按全年一次性奖金计税的填写本表

■是 ■否

(e)

一、全年一次性奖金收入	34	0
二、准予扣除的捐赠额	35	0
三、税率（%）	36	0
四、速算扣除数	37	0
五、应纳税额[38=（34-35）×36-37]	38	0
应补（退）税款计算		
一、应纳税额合计（39=33+38）	39	798
二、减免税额	40	0
三、已缴税额	41	3180
四、应补/退税额（42=39-40-41）	42	-2382

(f)

图 3-3-25　刘峰个税申报图（续）

赵苑丽个税申报图如图 3-3-26 所示。

一、收入合计（1=2+3+4+5）	1	267200
（一）工资、薪金	2	187200
（二）劳务报酬	3	0
（三）稿酬	4	0
（四）特许权使用费	5	80000
二、费用合计 [6=(3+4+5)×20%]	6	16000
三、免税收入合计（7=8+9）	7	0
（一）稿酬所得免税部分[8=4×(1-20%)×30%]	8	0
（二）其他免税收入	9	0
四、减除费用	10	60000
五、专项扣除合计（11=12+13+14+15）	11	29400

(a)

（一）基本养老保险费	12	12000
（二）基本医疗保险费	13	2400
（三）失业保险费	14	600
（四）住房公积金	15	14400
六、专项附加扣除合计（16=17+18+19+20+21+22）	16	39000
（一）子女教育	17	0
（二）继续教育	18	0
（三）大病医疗	19	0
（四）住房贷款利息	20	0
（五）住房租金	21	15000

(b)

图 3-3-26　赵苑丽个税申报图

（六）赡养老人	22	24000
七、其他扣除合计（23=24+25+26+27+28）	23	0
（一）年金	24	0
（二）商业健康保险	25	0
（三）税延养老保险	26	0
（四）允许扣除的税费	27	0
（五）其他	28	0
八、准予扣除的捐赠额	29	0
九、应纳税所得额（30=1-6-7-10-11-16-23-29）	30	122800
十、税率（%）	31	10%
十一、速算扣除数	32	2520

(c)

十二、应纳税额（33=30×31-32）	33	9760
全年一次性奖金个人所得税计算（无住所居民个人预判为非居民个人取得的数月奖金，选择按全年一次性奖金计税的填写本栏）		
■是 ■否		
一、全年一次性奖金收入	34	0
二、准予扣除的捐赠额	35	0
三、税率（%）	36	0
四、速算扣除数	37	0
五、应纳税额[38=（34-35）×36-37]	38	0
应补（退）税款计算		
一、应纳税额合计（39=33+38）	39	9760
二、减免税额	40	0

(d)

图 3-3-26　赵苑丽个税申报图（续）

黄伟波个税申报图如图 3-3-27 所示。

一、收入合计（1=2+3+4+5）	1	352000
（一）工资、薪金	2	312000
（二）劳务报酬	3	40000
（三）稿酬	4	0
（四）特许权使用费	5	0
二、费用合计 [6=(3+4+5)×20%]	6	8000

(a)

图 3-3-27　黄伟波个税申报图

三、免税收入合计（7=8+9）		7	0
	（一）稿酬所得免税部分[8=4×(1-20%)×30%]	8	0
	（二）其他免税收入	9	0
四、减除费用		10	60000
五、专项扣除合计（11=12+13+14+15）		11	29400

(b)

	（一）基本养老保险费	12	12000
	（二）基本医疗保险费	13	2400
	（三）失业保险费	14	600
	（四）住房公积金	15	14400
六、专项附加扣除合计（16=17+18+19+20+21+22）		16	42000

(c)

	（一）子女教育	17	12000
	（二）继续教育	18	0
	（三）大病医疗	19	0
	（四）住房贷款利息	20	0
	（五）住房租金	21	18000
	（六）赡养老人	22	12000
七、其他扣除合计（23=24+25+26+27+28）		23	2400
	（一）年金	24	0
	（二）商业健康保险	25	2400

(d)

图3-3-27 黄伟波个税申报图(续)

（三）税延养老保险	26	0
（四）允许扣除的税费	27	0
（五）其他	28	0
八、准予扣除的捐赠额	29	0
九、应纳税所得额（30=1-6-7-10-11-16-23-29）	30	210200
十、税率（%）	31	20%
十一、速算扣除数	32	16920
十二、应纳税额（33=30×31-32）	33	25120
全年一次性奖金个人所得税计算（无住所居民个人预判为非居民个人取得的数月奖金，选择按全年一次性奖金计税的填写本部分）		
■是 ■否		

(e)

一、全年一次性奖金收入	34	0
二、准予扣除的捐赠额	35	0
三、税率（%）	36	0
四、速算扣除数	37	0
五、应纳税额[38=（34-35）×36-37]	38	0
应补（退）税款计算		
一、应纳税额合计（39=33+38）	39	25120
二、减免税额	40	0
三、已缴税额	41	21480
四、应补/退税额（42=39-40-41）	42	3640

(f)

图 3-3-27　黄伟波个税申报图（续）

朱伟文个税申报图如图 3-3-28 所示。

项目	行次	金额
一、收入合计（1=2+3+4+5）	1	360000
（一）工资、薪金	2	360000
（二）劳务报酬	3	0
（三）稿酬	4	0
（四）特许权使用费	5	0
二、费用合计 [6=(3+4+5)×20%]	6	0
三、免税收入合计（7=8+9）	7	0
（一）稿酬所得免税部分[8=4×(1-20%) ×30%]	8	0
（二）其他免税收入	9	0
四、减除费用	10	60000

(a)

项目	行次	金额
五、专项扣除合计（11=12+13+14+15）	11	29400
（一）基本养老保险费	12	12000
（二）基本医疗保险费	13	2400
（三）失业保险费	14	600
（四）住房公积金	15	14400
六、专项附加扣除合计（16=17+18+19+20+21+22）	16	42000
（一）子女教育	17	12000
（二）继续教育	18	0
（三）大病医疗	19	0
（四）住房贷款利息	20	0

(b)

图 3-3-28　朱伟文个税申报图

（五）住房租金	21	18000
（六）赡养老人	22	12000
七、其他扣除合计（23=24+25+26+27+28）	23	0
（一）年金	24	0
（二）商业健康保险	25	0
（三）税延养老保险	26	0
（四）允许扣除的税费	27	0
（五）其他	28	0
八、准予扣除的捐赠额	29	30000

(c)

九、应纳税所得额（30=1-6-7-10-11-16-23-29）	30	198600
十、税率（%）	31	20%
十一、速算扣除数	32	16920
十二、应纳税额（33=30×31-32）	33	22800

全年一次性奖金个人所得税计算（无住所居民个人预判为非居民个人取得的数月奖金，选择按全年一次性奖金计税的填写本部分） ■是 ■否

一、全年一次性奖金收入	34	0
二、准予扣除的捐赠额	35	0
三、税率（%）	36	0
四、速算扣除数	37	0

(d)

五、应纳税额[38=（34-35）×36-37]	38	0
应补（退）税款计算		
一、应纳税额合计（39=33+38）	39	22800
二、减免税额	40	0
三、已缴税额	41	15480
四、应补/退税额（42=39-40-41）	42	7320

(e)

图 3-3-28　朱伟文个税申报图（续）

庞正个税申报图如图 3-3-29 所示。

项目	行次	金额
一、收入合计（1=2+3+4+5）	1	216000
（一）工资、薪金	2	216000
（二）劳务报酬	3	0
（三）稿酬	4	0
（四）特许权使用费	5	0
二、费用合计 [6=(3+4+5)×20%]	6	0
三、免税收入合计（7=8+9）	7	0
（一）稿酬所得免税部分[8=4×(1-20%)×30%]	8	0
（二）其他免税收入	9	0
四、减除费用	10	60000

(a)

项目	行次	金额
五、专项扣除合计（11=12+13+14+15）	11	29400
（一）基本养老保险费	12	12000
（二）基本医疗保险费	13	2400
（三）失业保险费	14	600
（四）住房公积金	15	14400
六、专项附加扣除合计（16=17+18+19+20+21+22）	16	36000
（一）子女教育	17	12000
（二）继续教育	18	0
（三）大病医疗	19	0
（四）住房贷款利息	20	0

(b)

图 3-3-29　庞正个税申报图

（五）住房租金	21	0
（六）赡养老人	22	24000
七、其他扣除合计（23=24+25+26+27+28）	23	0
（一）年金	24	0
（二）商业健康保险	25	0
（三）税延养老保险	26	0
（四）允许扣除的税费	27	0
（五）其他	28	0
八、准予扣除的捐赠额	29	12000
九、应纳税所得额（30=1-6-7-10-11-16-23-29）	30	78600

(c)

十、税率（%）	31	10%
十一、速算扣除数	32	2520
十二、应纳税额（33=30×31-32）	33	5340
全年一次性奖金个人所得税计算（无住所居民个人预判为非居民个人取得的数月奖金，选择按全年一次性奖金计税的填写本部… ■是 ■否		
一、全年一次性奖金收入	34	0
二、准予扣除的捐赠额	35	0
三、税率（%）	36	0
四、速算扣除数	37	0

(d)

五、应纳税额[38=（34-35）×36-37]	38	0
应补（退）税款计算		
一、应纳税额合计（39=33+38）	39	5340
二、减免税额	40	5340
三、已缴税额	41	3480
四、应补/退税额（42=39-40-41）	42	-3480

(e)

图 3-3-29　庞正个税申报图（续）

【课后拓展】

2018年6月,国内某艺人被爆通过"阴阳合同"偷税漏税,税务机关调查结果显示,该艺人在某电影拍摄过程中实际获得片酬3 000万元,其中1 000万元申报纳税,其余2 000万元以拆分合同方式偷逃个人所得税税额618万元,少缴税金及附加额112万元,合计730万元。同时,该艺人及其担任法人的公司少缴税款2.48亿元,其中偷逃税款1.34亿元。所谓"阴阳合同"又称"大小合同",是指交易双方签订金额不同的两份合同,一份金额较小的"阳合同",用于向主管税务机关备案登记纳税;另一份金额较高的"阴合同",用于约定双方实际交易价格,彼此对其秘而不宣,目的是逃避纳税这一法定义务。根据《中华人民共和国税收征收管理法》规定,税务机关依法将对该艺人及其担任法人代表的公司追缴税款、滞纳金和罚款,共计近9亿元。

启示:对于违反《中华人民共和国税收征收管理法》《中华人民共和国个人所得税法》及其他法律法规和规范性文件,违背诚实信用原则,存在偷税、骗税、骗抵、冒用他人身份信息、恶意举报、虚假申诉等失信行为的当事人,税务部门将其列入重点关注对象,依法依规采取行政性约束和惩戒措施;对于情节严重、达到重大税收违法失信案件标准的,税务部门将其列为严重失信当事人,依法对外公示,并与全国信用信息共享平台共享。

作为国家公民,要诚实守信、遵纪守法、依法纳税。同时,公民是国家税收的最终负税人,应自觉增强税收监督意识,以主人翁的态度积极监督国家公职人员及公共权力的行为,关注税收的征收和使用情况,对他们的违法行为进行批评、检举,维护国家利益和自身利益。

个税筹划实务实训(个税师高级)

案例资料:杭州三味食品有限公司(个税计算高级)05

一、学习指引

随着金税三期上线、国地税合并、个税改革等一系列政策变化,税务机关借助"互联网+大数据"建设,掌握了大量企业的经营数据,逐步完成企业信用体系的搭建。税收征管的模糊地带被进一步挤压,偷税漏税的风险急剧上升,未来,企业的税务管理势必变得更重要,也更需要谋求合理税务筹划的空间,减少企业的税负压力。以往的税收征管机制难免有盲区,小企业两套账来减少税收的情况普遍存在,没有税收风险的概念。并且近几年税制频繁改革,企业税新税政的响应滞后,或对新政策的解读不到位,给企业带来不必要的损失。金税三期上线后,不断有偷税漏税的大税案例爆出,大部分由企业不合法税收筹划导致。不合理、不合法的税收筹划,只是眼前少缴税款,却给企业埋下巨大税收风险,不仅没有给企业带来利益,反而给企业带来了巨额的罚款。企业老板和财税人员也逐步认识到了新税收管控理念时代到来。"风险控制比降低税收成本更重要;税收筹划的最重要方法是不要引起税务局的关注;税收筹划的最高境界是用好、用足国家的税收政策",这是新税制下税收筹划新理念。

在如今的税收征管大环境下,企业税收筹划势在必行,成为企业财务管理的重中之重。未来,企业税务工作者需要熟悉纳税环节,了解税收新规,才能帮助企业合理降低税负；税收管理需要对国家税收管理体系有宏观的理解和认识，让企业的税务工作，在大数据和技术创新的背景下，降低企业涉税风险。

税收风险管控教学与实训系统是为了让企业财税人员了解税收风险，熟悉税收政策，规避税收风险。学会运用税收政策为企业进行合理、合法的税收筹划的理念，使企业实现股东利润最大化，同时，也通过这个税收筹划过程，培养学生依法进行税收筹划和业务合理安排的前瞻性、合法意识、全局视野。

本案例中作为企业财税人员以制造业企业基本情况、企业经营业务、税负情况为基础，通过制造业企业基本情况、经营情况分析结合相关税收政策展开税收筹划分析，进行筹划策略设计与实施。本案例需要学习者完成的主要任务如下。

(1)利用案例提供的各类信息、业务详情结合税收政策进行筹划排查。
(2)对需要筹划的业务进行风险点剔除、筹划思路、方法选择。
(3)对需要筹划的业务进行方案设计、方案确认。

二、行企背景

(一)行企现状

制造业是国民经济的物质基础和工业化的主体，是社会进步、富民强国的基础。为了自身的发展和安全，任何大国都将装备制造业的发展和升级视为国家战略。高度发达的装备制造业是工业化的前提，也是一个国家综合竞争力的重要标志。

现阶段，制造业在中国至少具有五个角色：第一是我国经济快速增长的动力；第二是促进国民经济和社会信息基础产业发展；第三是技术创新的重要载体；第四是就业的主要部门；第五是国家安全的基本保证。

曾经，我国的制造业处于"空白"状态。当时，我国仅依靠廉价劳动力来吸引大量国外公司在中国建立工厂。这些公司来到中国建厂后，为我国制造业的发展奠定了基础。我国的制造业在如此艰难的条件下发展起来。

当时，我国逐渐探索和发展制造业。经过几十年的"沉淀"，我国的制造业现在已经"发生了巨大变化"。尽管我国的制造业还没有达到世界的"最高水平"。但是，我国制造业的"性价比"仍然是名列前茅的。

近年来，我国制造业面临的突出问题和挑战是劳动力成本的快速增长，这在一定程度上促使制造业公司将生产工厂转移到劳动力成本较低的国家和地区，例如东南亚。长期以来，低廉的劳动力成本一直是中国制造业崛起的重要优势。但是，随着中国工业化进程进入后期，人口红利逐渐消失，人口老龄化，中国低廉的劳动力成本优势逐渐丧失。毫无疑问，随着我国经济发展水平的提高，劳动力成本将进一步增加，这是一国经济现代化的必然趋势。

我国的许多公司已经开始将企业的成本压力转化为创新动力，并沿着高端制造，信息化、服务和智能化的发展方向不断探索与创新。新产品、新模式和新业务格式不断涌现。经济增长的新动力正在稳步实现着。

新工业革命的出现不仅是挑战，还是难得的机遇。我国已进入工业化后期，正处于经济结构转型升级的关键时期。新的工业革命促进了大量的新技术、新产业和新模式，为中国工业的发展，阐明未来的发展方向及中国科学制定工业发展战略奠定了技术和经济基础，加快经济转型升级，掌握发展举措，提供了重要机遇。

进入新时代，我国制造业正在全面提升中，未来我们一定会朝着更好的方向不断进步！

(二)行企特点

(1)我国劳动力成本低，在劳动密集型产业、产品领域占优势，竞争力强。而且我国的劳动力素质也比较高，例如，在广东、浙江一带的劳动力一部分是农村出来的高中生，这些人的素质相当不错。

(2)我国潜在消费市场大，能够容纳这些产品，促进这些产品很快地形成规模经济。通常，一个国家的产品首先要在国内销售，取得了一定的经验，达到一定的产量规模以后，再走向国际市场。我国庞大的国内消费市场为产品的开发、发展创造了基本条件。

(3)制造业基础比较完善。改革开放以来，我国制造业的发展取得了举世瞩目的成就，作为国民经济的主体和支柱性产业，制造业为今后我国国民经济的发展奠定了坚实的基础。进入21世纪，我国制造业的发展面临的国际和国内环境发生了深刻变化，加入世贸组织，使我国的经济体制改革与对外开放进入一个更加广阔和深层次的阶段。

(4)制造业生产比较集中，大部分分布在相关资源较为丰富的地区。国家十分重视制造业相关产业的发展，因此我国很多大型制造业的生产资源基础比较好，并且在经济调控中的市场导向作用也很有利于制造业的发展。

(三)行企趋势

(1)制造技术与高技术的集成。
(2)现如今比较普遍的数字化、智能化的制造技术。
(3)极端工作条件下的制造技术。
(4)轻量化、精密化、绿色化的制造需求。绿色可持续发展制造，不仅是制造、回收、再制造，而应从源头抓起，从简单化抓起。宏观而言，提高产品质量、降低废品率、提高生产率、减少研发投入，是绿色可持续发展的重要组成部分。

三、案例情景

(一)企业基本信息

公司名称：杭州三味食品有限公司(以下简称"杭州三味食品")
统一社会信用代码：913358173028191506
成立时间：2014 年 10 月 01 日
经济性质：有限公司
增值税类型：一般纳税人
注册地址：浙江省杭州市西湖区教工路 88 号 8 楼
经营范围：饼干制造，主要有曲奇饼干和奶油饼干的制造，以及饼干的销售(依法须经批准的项目，经相关部门批准后方可开展经营活动)。

(二)企业经营情况

公司的主要业务是饼干的制造及销售,以曲奇饼干和奶油饼干为主。

(三)企业业务详情

2021年05月杭州三味食品发生部分业务如下。

业务1:中国居民纳税人齐蕊(非雇员)住在上海,杭州三味食品计划邀请她为公司的高层周志伟培训,为期三天。公司为其制定了两个方案可供选择。方案一:齐蕊来杭州为高层培训,杭州三味食品支付其税前劳务报酬120 000元,但有关发生的交通费、食宿费等由齐蕊自理,齐蕊共支出30 000.00元;方案二:杭州三味食品的高层周志伟去上海听齐蕊培训,公司支付其税前劳务报酬90 000.00元,高管周志伟去上海的交通费、食宿费30 000.00元由杭州三味食品公司承担(假设不考虑增值税因素)。

业务2:2021年05月06日,公司向杭州其名超市销售货物一批,共计50 000.00元,并开具增值税专用发票一份。

业务3:2021年05月12日,预扣预缴上月公司员工个人所得税28 167.50元。

业务4:2021年05月17日,行政管理部职员周野报销业务招待费800.00元。

业务5:杭州三味食品公司员工王琦(中国居民纳税人)2020年的收入情况为:每月取得工资薪金收入3 000.00元(不考虑任何税前扣除项目),2021年05月,取得2020年年终奖20 000.00元。

业务6:中国居民纳税人张奇与妻子李薇均在杭州三味食品公司上班。2020年1—12月张奇每月取得工资薪金收入为31 000.00元,张奇与哥哥一起赡养父母,双方约定平均分摊赡养老人专项附加扣除;妻子李薇2020年1—12月每月取得工资薪金收入为10 000.00元,李薇是家中独生子女,赡养老人符合专项附加扣除规定。夫妻二人的赡养老人专项附加扣除2020年每月均有扣除。因婚前张奇夫妻二人分别有购买住房,发生住房贷款利息支出,住房贷款利息符合专项附加扣除规定,2020年每月均有扣除。假设不考虑专项扣除和其他扣除。

业务7:2021年05月28日,由于公司业务需要,向银行借款500万元。

(四)企业纳税情况

公司主要涉及的税种有增值税、企业所得税、个人所得税、城市维护建设税、教育费附加、地方教育费附加、印花税及其他小税种。

【个人所得税税率】

(1)居民个人工资、薪金所得预扣率表。居民个人工资、薪金所得预扣率表见表3-3-13。

表3-3-13 居民个人工资、薪金所得预扣率表(预缴适用)

级数	累计预扣预缴应纳税所得额	预扣率/%	速算扣除数
1	不超过36 000元的部分	3	0
2	超过36 000元至144 000元的部分	10	2 520

续表

级数	累计预扣预缴应纳税所得额	预扣率/%	速算扣除数
3	超过 144 000 元至 300 000 元的部分	20	16 920
4	超过 300 000 元至 420 000 元的部分	25	31 920
5	超过 420 000 元至 660 000 元的部分	30	52 920
6	超过 660 000 元至 960 000 元的部分	35	85 920
7	超过 690 000 元的部分	45	181 920

(2)居民个人劳务报酬所得预扣率表。居民个人劳务报酬所得预扣率表见表 3-3-14。

表 3-3-14　居民个人劳务报酬所得预扣率表(预缴适用)

级数	预扣预缴应纳税所得额	预扣率/%	速算扣除数
1	不超过 20 000 元的	20	0
2	超过 20 000 元至 50 000 元的部分	30	2 000
3	超过 50 000 元的部分	40	7 000

(3)综合所得税率表。综合所得税率表见表 3-3-15。

表 3-3-15　综合所得税率表

级数	全年应纳税所得额	税率/%
1	不超过 36 000 元的部分	3
2	超过 36 000 元至 144 000 元的部分	10
3	超过 144 000 元至 300 000 元的部分	20
4	超过 300 000 元至 420 000 元的部分	25
5	超过 420 000 元至 660 000 元的部分	30
6	超过 660 000 元至 960 000 元的部分	35
7	超过 960 000 元的部分	45

(4)年终奖个人所得税计算。年终奖个人所得税税率表见表 3-3-16。

表 3-3-16　年终奖个人所得税税率表

级数	全月应纳税所得额	税率/%	速算扣除数
1	不超过 3 000 元的部分	3	0
2	超过 3 000 元至 12 000 元的部分	10	210

续表

级数	全月应纳税所得额	税率/%	速算扣除数
3	超过12 000元至25 000元的部分	20	1 410
4	超过25 000元至35 000元的部分	25	2 660
5	超过35 000元至55 000元的部分	30	4 410
6	超过55 000元至80 000元的部分	35	7 160
7	超过80 000元的部分	45	15 160

(五)企业税收风险

(1)单位员工的工资长期为0元或1元和5 000元以下的其他数值,明显未如实申报。

(2)部分规模较大或经营状况较好的单位长期申报税额为0元,明显存在异常。

(3)个税申报系统申报的工资薪金跟企业所得税年报中申报的工资薪金差距较大,存在部分员工虽然发放工资但是没有进行全员全额个税申报。

(4)存在自然人股东借款长期不还未代扣个税。

(5)公司年终存在向自然人股东分红未代扣个税现象。

(6)存在向员工发放福利、补贴、津贴等但是未并入工资薪金申报个税情况。

(7)存在聘用退休人员、临时人员上班但是未申报个税,支付外部人员劳务费虽已代扣个税,但是没有申报个税现象。

(8)个别公司存在人为随意变更个税申报的税目,如将"工资薪金所得"变更为"股息、红利所得"或者将"股息、红利所得"变更为"工资薪金所得"等现象,达到少缴个人所得税的目的。

(9)年终一次性奖金只能按规定享受一次,有部分单位存在一直已发放,从来未申报的现象。

注意:按照《关于个人所得税法修改后有关优惠政策衔接问题的通知》(财税〔2018〕164号)规定:居民个人取得全年一次性奖金,在2021年12月31日前,不并入当年综合所得,以全年一次性奖金收入除以12个月得到的数额,按照本通知所附按月换算后的综合所得税率表,确定适用税率和速算扣除数,居民个人取得全年一次性奖金,也可以选择并入当年综合所得计算纳税,但不能不申报个人所得税。

(10)扣缴义务人在填报申报表时随意添加免税项目,目前条件下绝大多数人是没有免税项目的,免税项目要符合《中华人民共和国个人所得税法》的规定才可以填报。

注意:与工资薪金有关的免税主要有按照国家统一规定发给的补贴、津贴;按照国家统一规定发给干部、职工的安家费、退职费、退休工资、离休工资、离休生活补助费;抚恤金、救济金(指民政部门支付给个人的生活困难补助)。

(11)其他扣除项目填写要求规范,不仅要求填报数目,而且要求填报其他扣除的内容,不是什么都可以往里装的。

注意:在实践中我们发现,有些单位将党费、年金等费用填入其他项目,这个不可以。党费不是扣除项目;年金有专门的填报栏目。

(12)对申报收入数据随意加工,填报数据不实,如收入中提前扣除三险一金和基本扣除。

注意:申报收入要求如实,有单位对政策理解错误,在申报收入时填入已扣除三险一金和基本扣除数字,造成扣除项目重复计算,少缴税款。

(六)相关税收法规

(1)劳务报酬所得、稿酬所得、特许权使用费所得以收入减除费用后的余额为收入额。其中,稿酬所得的收入额减除按70%计算。

减除费用:劳务报酬所得、稿酬所得、特许权使用费所得每次收入不超过4 000元的,减除费用按800元计算;每次收入4 000元以上的,减除费用按20%计算。

(2)全年一次性奖金。

1)在2021年12月31日前,可以不并入当年综合所得,以全年一次性奖金收入除以12个月得到的数额,按照按月换算后的综合所得税率表,确定适用税率和速算扣除数,单独计算纳税。其计算公式为

$$应纳税额=全年一次性奖金收入\times 适用税率-速算扣除数$$

2)居民个人取得全年一次性奖金,也可以选择并入当年综合所得计算纳税。

自2022年1月1日起,居民个人取得全年一次性奖金,应并入当年综合所得计算缴纳个人所得税。

(3)综合所得包括:工资、薪金所得;劳务报酬所得;稿酬所得;特许权使用费所得。居民个人的综合所得,以每一纳税年度的收入额减除费用6万元及专项扣除,专项附加扣除和依法确定的其他扣除后的余额,为应纳税所得额。

纳税人本人或配偶单独或共同使用商业银行或住房公积金个人住房贷款为本人或其配偶购买中国境内住房,发生的首套住房贷款利息支出,在实际发生贷款利息的年度,按照每月1 000元的标准定额扣除,扣除期限最长不超过240个月。纳税人只能享受一次首套住房贷款的利息扣除。

本办法所称首套住房贷款是指购买住房享受首套住房贷款利率的住房贷款。经夫妻双方约定,可以选择由其中一方扣除,具体扣除方式在一个纳税年度内不能变更。

夫妻双方婚前分别购买住房发生的首套住房贷款,其贷款利息支出,婚后可以选择其中一套购买的住房,由购买方按扣除标准的100%扣除,也可以由夫妻双方对各自购买的住房分别按扣除标准的50%扣除,具体扣除方式在一个纳税年度内不能变更。

纳税人应当留存住房贷款合同、贷款还款支出凭证备查。

操作步骤:

(1)登录平台,选择"个税"→"高级实务"→"国内个税筹划实务实训系统/国际个税筹划实务实训系统"。国内个税筹划/国际个税筹划平台登录界面如图3-3-30所示。

(2)进入筹划系统,已发布未做的案例在未做案例处查看,可通过"案例简介"了解基本情况和通过单击"立即进入"按钮进入实训。未做案例界面如图3-3-31所示。

(3)进入作答,通过学习指引、行企背景、案例情景查看案例内容。学习指引界面如图3-3-32所示。

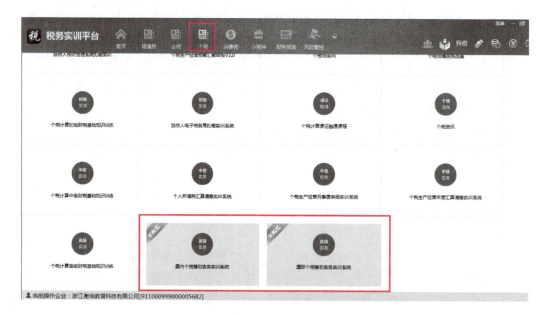

图 3-3-30 国内个税筹划/国际个税筹划平台登录界面

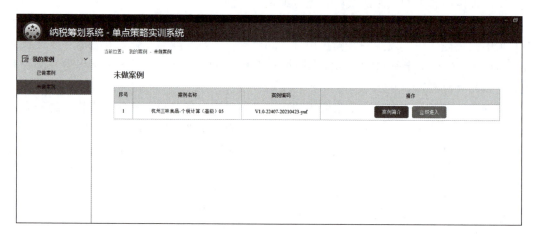

图 3-3-31 未做案例界面

项目三　纳税申报业务处理

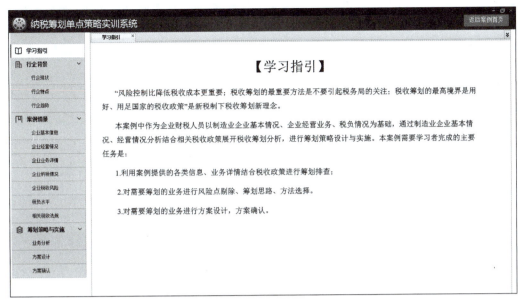

图 3-3-32　学习指引界面

（4）按照业务分析、方案设计、方案确认进行作答，其中业务分析有四小部分，包括筹划空间排查、筹划风险点剔除、筹划思路确认、筹划方法选择，完成后方可进行方案设计。筹划空间排查界面如图 3-3-33 所示。

图 3-3-33　筹划空间排查界面

（5）通过单击"提交筹划方案"按钮，完成评分，评分后可重新进入该案例操作，会自动将原做题数据清除，重新进行实训。提交筹划方案界面如图 3-3-34 所示。

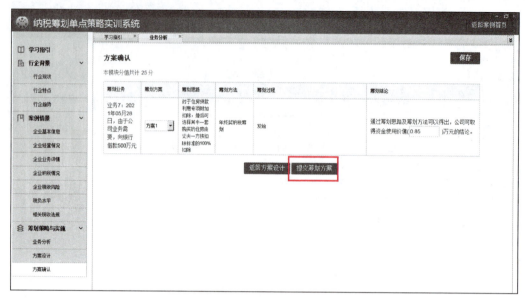

图 3-3-34　提交筹划方案界面

四、筹划策略与实施（案例解析参考）

（一）业务分析

业务分析界面如图 3-3-35 所示。

(a)

图 3-3-35　业务分析界面

2、筹划风险点剔除

2.1、题干：

针对该企业的业务进行了初步分析，初步制定了一些筹划方法，你认为哪些筹划方法是不合理、不合法的？

2.2、选项选择：

- ☑ 销售货物可不开具增值税发票
- ☑ 延迟预扣预缴个人所得税
- ☑ 延迟向银行借款

(b)

3、筹划思路确认

3.1、题干：

通过对此公司的情况进行分析，你认为有哪些筹划思路是可以确定的？

3.2、选项选择：

- ☑ 年终奖并入当年综合所得计算纳税
- ☑ 年终奖不并入当年综合所得计算纳税，单独发放
- ☑ 对于住房贷款利息专项附加扣除，婚后可选择其中一套购买的住房由丈夫一方按扣除标准的100%扣除
- ☑ 对于住房贷款利息专项附加扣除，婚后可选择其中一套购买的住房由妻子一方按扣除标准的100%扣除
- ☑ 对于住房贷款利息专项附加扣除，婚后选择由夫妻双方对各自购买的住房分别按扣除标准的50%扣除
- ☑ 为他人提供劳务取得报酬的个人，过程中产生的费用自理，提高自己的报酬金额
- ☑ 为他人提供劳务取得报酬的个人，过程中产生的费用由对方支付，降低自己的报酬金额

(c)

4、筹划方法选择

4.1、题干：

根据此公司的情况，以及你的筹划思路，你认为哪些筹划方法是合适的？

4.2、选项选择：

- ☑ 居民个人住房贷款利息专项附加扣除方式选择纳税筹划
- ☑ 费用转移纳税筹划
- ☑ 年终奖纳税筹划

(d)

图 3-3-35　业务分析界面（续）

(二)方案设计

方案设计界面如图 3-3-36 所示。

筹划业务	筹划方案	筹划思路	筹划方法
业务1：中国居民纳税人齐蕊（非雇员）住在上海，杭州三味食品计划邀请她为公司的高层周志伟培训，为期三天。	方案1	为他人提供劳务取得报酬的个人，过程中产生的费用自理，提高自己的报酬金额	费用转移纳税筹划
业务1：中国居民纳税人齐蕊（非雇员）住在上海，杭州三味食品计划邀请她为公司的高层周志伟培训，为期三天。	方案2	为他人提供劳务取得报酬的个人，过程中产生的费用由对方支付，降低自己的报酬金额	费用转移纳税筹划
业务5：杭州三味食品公司员工王琦（中国居民纳税人）2020年的收入情况	方案1	年终奖并入当年综合所得计算纳税	年终奖纳税筹划
业务5：杭州三味食品公司员工王琦（中国居民纳税人）2020年的收入情况	方案2	年终奖不并入当年综合所得计算纳税，单独发放	年终奖纳税筹划
业务6：中国居民纳税人张奇与妻子李薇均在杭州三味食品公司上班	方案1	对于住房贷款利息专项附加扣除，婚后可选择其中一套购买的住房由丈夫一方按扣除标准的100%扣除	居民个人住房贷款利息专项附加扣除方式选择纳税筹划

图 3-3-36　方案设计界面

(三)方案确认

方案确认界面如图 3-3-37 所示。

筹划业务	筹划方案	筹划思路	筹划方法	筹划结果	答案
业务1：中国居民纳税人齐蕊（非雇员）住在上海，杭州三味食品计划邀请她为公司的高层周志伟培训，为期三天。	方案2	为他人提供劳务取得报酬的个人，过程中产生的费用由对方支付，降低自己的报酬金额	费用转移纳税筹划	通过筹划思路及筹划方法可以得出，中国居民纳税人齐蕊选择最优方案时可多获取税收净收入()元。（不考虑其他收入的影响）	9600.00
解析：方案1净收入 120000-120000*（1-20%）*40%+7000-30000=58600元 方案2净收入 90000-90000*（1-20%）*40%+7000=68200 差额68200-58600=9600元					
业务5：杭州三味食品公司员工王琦（中国居民纳税人）2020年的收入情况	方案1	年终奖并入当年综合所得计算纳税	年终奖纳税筹划	通过筹划思路及筹划方法可以得出，中国居民纳税人王琦选择最优方案时需缴纳个人所得税()元。	0
解析：应税所得36000+20000-60000<0					
业务6：中国居民纳税人张奇与妻子李薇均在杭州三味食品公司上班	方案1	对于住房贷款利息专项附加扣除，婚后可选择其中一套购买的住房由丈夫一方按扣除标准的100%扣除	居民个人住房贷款利息专项附加扣除方式选择纳税筹划	通过筹划思路及筹划方法可以得出，张奇夫妻二人每月发生的住房贷款利息支出选择最优扣除方案时年合计需缴纳个人所得税()元。	41760.00
解析：方案1：张奇应纳税（31000*12-60000-12000-12000）*20%-16920=40680元 李薇应纳税（10000*12-60000-24000）*3%=1080元 合计40680+1080=41760元 方案2：张奇应纳税（31000*12-60000-12000）*20%-16920=43080元 李薇应纳税（10000*12-60000-24000-12000）*3%=720元 合计43080+720=43880元					

图 3-3-37　方案确认界面

五、案例点评

本案例选择了软件行业作为税收筹划对象，通过企业的基本情况表、经济业务和企业税负等有关资料与企业备案的相关资料，了解企业经营模式，利用税收政策结合企业自身特点，有针对性地进行税收筹划。

(1)正确运用年终奖计税政策。根据《中华人民共和国个人所得税法》和国家税务总局关于调整个人取得全年一次性奖金等问题的通知规定，年终奖（即全年一次性奖金）可以单独计税，也可以合并计税；纳税人当然可以通过计算，选择有利于自己的方式申报个人所得税。

《中华人民共和国个人所得税法》并没有规定哪一项目作为全年一次性奖金，哪一项不能作为全年一次性奖金，只是规定每年只能适用一次。公司在对销售提成进行结算时，完全可以考虑税法规定，适用最优方案进行分配。

(2)注意足额使用各项扣除政策，如专项附加扣除、商业健康保险、企业年金等。

(3)一些税法免税项目，应当单独区分，如误餐补助、差旅费津贴、公务交通补贴、通信补贴、独生费、托儿补助、住房公积金，有的地方还包括取暖费、住房补贴。当然，这些都有规定标准，须依标准处理。

(4)注意一些实报实销项目并不属于个人所得。

有的公司，采取"大包干"方式，对于长期驻外销售人员，直接定额、定率计算提成，然后费用由销售人员自行承担。在这种模式下，除个别行业有明确规定，可以扣除部分费用外，其他都是无法进行税前扣除。

而如果采取相关销售费用实报实销（如住宿费、差旅费、餐费、房租、水电费等，金额其实不小），则实报实销的销售费用并非个人取得所得，直接不作为个人收入，也就不用考虑计算个人所得税了。

(5)对实行超额累进税率的应税所得项目（如工资、薪金收入等），应尽量避免临界所得进入高档税率区。

作为企业税务工作者需要熟悉纳税环节，了解税收新规，才能帮助企业合理降低税负；税收管理需要对国家税收管理体系有宏观的理解和认识，使企业的税务工作在大数据和技术创新的背景下，降低企业涉税风险。

六、知识拓展

(一)企业年金和职业年金

我国养老保险体系主要包括基本养老保险、补充养老保险和个人储蓄性养老保险三个层次。其中，补充养老保险包括企业年金和职业年金。

企业年金主要针对企业，是指根据《企业年金试行办法》（原劳动和社会保障部令第20号）等国家相关政策规定，企业及其职工在依法参加基本养老保险的基础上，自愿建立的补充养老保险制度。

职业年金主要针对事业单位，是指根据《事业单位职业年金试行办法》（国办发〔2011〕

37号)等国家相关政策规定，事业单位及其职工在依法参加基本养老保险的基础上，建立的补充养老保险制度。

(二)企业年金和职业年金个人所得税处理

1. 企业年金和职业年金缴费的个人所得税处理

年金缴费环节，对单位根据国家有关政策规定为职工支付的企业年金或职业年金缴费，在计入个人账户时，个人暂不缴纳个人所得税；个人根据国家有关政策规定缴付的年金个人缴费部分，在不超过本人缴费工资计税基数的4%标准内的部分，暂从个人当期的应纳税所得额中扣除。超过规定的标准缴付的年金单位缴费和个人缴费部分，应并入个人当期的工资、薪金所得，依法计征个人所得税。

其中，企业年金个人缴费工资计税基数为本人上一年度月平均工资，月平均工资超过职工工作地所在设区城市上一年度职工月平均工资300％以上的部分，不计入个人缴费工资计税基数；职业年金个人缴费工资计税基数为职工岗位工资和薪级工资之和，两者之和超过职工工作地所在设区城市上一年度职工月平均工资300％以上的部分，不计入个人缴费工资计税基数。

2. 年金基金投资运营收益的个人所得税处理

年金基金投资环节，企业年金或职业年金基金投资运营收益分配计入个人账户时，暂不征收个人所得税。

3. 企业年金和职业年金领取的个人得税处理

(1)个人达到国家规定的退休年龄，领取的企业年金、职业年金，符合规定的，不并入综合所得，全额单独计算应纳税款。其中按月领取的，适用月度税率表计算纳税；按季领取的，平均分摊计入各月，按每月领取额适用月度税率表计算纳税；按年领取的，适用综合所得税率表计算纳税。

(2)对单位和个人在2014年1月1日之前开始缴付年金缴费，个人在2014年1月1日之后领取年金的，允许其从领取的年金中减除在2014年1月1日之前缴付的年金单位缴费和个人缴费且已经缴纳个人所得税的部分，就其余额按照第1项的规定征税。在个人分期领取年金的情况下，可按2014年1月1日之前缴付的年金缴费金额占全部缴费金额的百分比减计当期的应纳税所得额，减计后的余额，按照第1项的规定，计算缴纳个人所得税。

(3)个人因出境定居而一次性领取的年金个人账户资金，或个人死亡后，其指定的受益人或法定继承人一次性领取的年金个人账户余额，适用综合所得税率表计算纳税。

(4)个人除上述特殊原因外一次性领取年金个人账户资金或余额的，适用综合所得月度税率表计算纳税。

【课后拓展】

根据《中华人民共和国个人所得税法》第六条，个人将其所得对教育、扶贫、济困等公益慈善事业进行捐赠，捐赠额未超过纳税人申报的应纳税所得额百分之三十的部分，可以从其应纳税所得额中扣除；国务院规定对公益慈善事业捐赠实行全额税前扣除的，从其规定。因此，作为社会个体，我们也要倡导"助人、奉献、友善"等社会主义核心价值观，积极履行时代赋予我们的责任和担当，在能力范围内帮助弱者，建设美好家园。

任务四　消费税申报系统案例操作

知识目标

(1)熟悉消费税及附加税费纳税申报流程及原理；
(2)掌握烟类消费税销售、准予扣除的计算及缴纳；
(3)掌握酒类消费税视同销售的计算及缴纳；
(4)掌握小汽车类消费税销售、移送的计算及缴纳；
(5)掌握电池类消费税销售的计算及缴纳。

能力目标

(1)能根据各种经济业务进行消费税判断；
(2)能准确计算消费税；
(3)能熟练填制消费税及附加税纳税申报表并进行纳税申报。

素质目标

(1)培养严谨认真的职业习惯；
(2)培养诚信的职业品质和良好的职业道德；
(3)树立对于国家资源的节约意识和环境保护理念。

烟类消费税及附加税费网上申报实训系统

案例资料：V3.8 烟类消费税及附加税费网上申报教学版案例 01

一、知识链接

(一)卷烟消费税采用复合计征方法

应纳税额＝应税销售数量×定额税率＋应税销售额×比例税率

应税消费品的销售额＝含增值税的销售额/(1＋增值税税率或征收率)

生产销售卷烟以从量定额计税依据为实际销售数量。进口、委托加工、自产自用卷烟的从量定额计税依据分别为海关核定的进口征税数量、委托方收回数量、移送使用数量。

当期准予扣除的外购应税消费品买价＝期初库存的外购应税消费品的买价
＋当期购进的应税消费品的买价
－期末库存的外购应税消费品的买价

当期准予扣除的外购应税消费品已纳税款＝当期准予扣除的外购应税消费品买价
×外购应税消费品适用税率

(二)政策解读

税务总局发布《关于增值税消费税与附加税费申报表整合有关事项的公告》(2021年第20号,以下简称《公告》),规定自2021年8月1日起,全面推行增值税、消费税分别与附加税费申报表整合工作。烟产品消费税税目税率如图3-4-1所示。

税目	税率	征收环节
1.卷烟		
(1)甲类卷烟〔调拨价70元(不含增值税)/条以上(含70)〕	56%加0.003元/支	生产环节
(2)乙类卷烟〔调拨价70元(不含增值税)/条以下〕	36%加0.003元/支	生产环节
(3)批发环节	11%加0.005元/支	批发环节
2.雪茄烟	36%	生产环节
3.烟丝	30%	生产环节
备注:一箱250条、50000支;一条200支		

图3-4-1 烟产品消费税税目税率表

二、实训流程

烟类消费税网上申报实训流程图如图3-4-2所示。

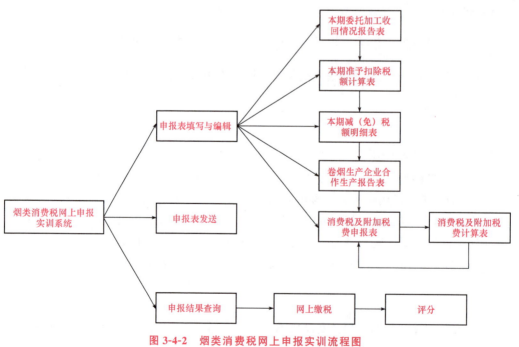

图3-4-2 烟类消费税网上申报实训流程图

三、实训须知

(1)案例业务所涉及的会计、税收法律法规政策截至 2021 年 12 月 31 日。
(2)实训案例税款所属期默认当前月份。
(3)计算结果以四舍五入方式保留两位小数。
(4)本期不适用增值税小规模纳税人"六税两费"减征政策。
(5)消费税附加税费计算表填写保存后需再回主表确认附加税费,确认无误后再次保存。

四、案例资料

参加实训的人员根据以下提供的案例数据进行模拟消费税网上申报。

(1)杭州瑞得烟草有限公司(增值税一般纳税人)主营烟类产品的生产销售,2022 年 01 月的基础信息如下:当期购进烟丝买价 120 万元,期末库存外购烟丝买价 40 万元。

(2)本月生产销售情况:

本月生产销售情况汇总统计表(备注:1 条＝200 支＝0.6 元)如图 3-4-3 所示。

商品名称	单价(不含增值税)	销量	销售额(不含增值税)
卷烟 A	350 元/条	1500 条	525000.00 元
卷烟 B	65 元/条	4900 条	318500.00 元

图 3-4-3　销售情况汇总统计表

将纳税申报表填写完整保存后,在"发送报表"中将已经保存成功的报表上报税务机关,通过"申报查询"功能将已报送成功的报表打印出来留存备查。企业如当月申报有税款的可通过"网上缴税"申请网上扣缴税款。

五、报告提交

实训操作完成后,进入评分系统选择相对应的案例进行系统评分,将实训报告封面及各报表依次打印,主要的申报表打印如下。

(1)进行系统评分后打印实训报告封面。
(2)烟类消费税及附加税费申报表及其附表。

操作步骤:

(1)登录平台,选择"消费税"→"烟类消费税及附加税费网上申报实训系统"。烟类消费税及附加税费网上申报实训系统如图 3-4-4 所示。

(2)按照案例中的要求流程,完成申报后单击"评分"按钮,了解实训情况,如图 3-4-5、图 3-4-6 所示。

图 3-4-4　烟类消费税及附加税费网上申报登录界面

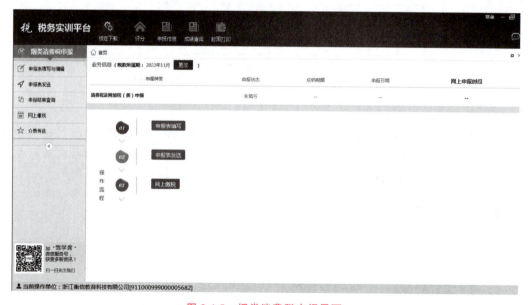

图 3-4-5　烟类消费税申报界面

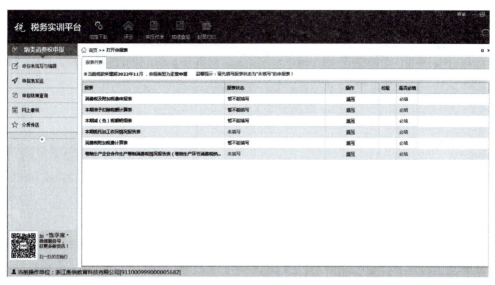

图 3-4-6 烟类消费税申报表填写界面

(3)实训完成后如需要修改,可通过单击"作废申报"按钮进行作废后修改申报表,申报表可以直接在原有基础上修改。

案例解析参考:

业务说明:(1)根据政策:外购已税烟丝生产的卷烟,已纳税款准予扣除;

(2)准予扣除税额=(120-40)×30%=24(万元)。

消费税及附加税费申报表如图 3-4-7 所示。

图 3-4-7 消费税及附加税费申报表

本期准予扣除税额计算表如图 3-4-8 所示。

图 3-4-8　本期准予扣除税额计算表

消费税附加税费计算表如图 3-4-9 所示。

图 3-4-9　消费税附加税费计算表

【课后拓展】

烟草危害是当今世界最严重的公共卫生问题之一，全球每年因吸烟导致的死亡人数高达 600 万，超过因艾滋病、结核、疟疾导致的死亡人数之和。作为世界上最大的烟草生产国和消费国，我国因烟草而受害的人数众多，情况尤为严重。据统计，我国吸烟人数超过 3 亿，约有 7.4 亿不吸烟者正在遭受二手烟暴露的危害，每年因吸烟死亡的人数逾 100 万。吸烟有害健康，是国家对烟草征收高额消费税的重要原因，同学们一定树牢健康第一意识，养成文明健康的好习惯，全面营造健康向上的无烟环境。

酒类消费税及附加税费网上申报实训系统

案例资料：V3.8 酒类消费税及附加税费网上申报教学版案例 02

一、知识链接

(一)白酒和其他酒的计算

(1)酒类产品中的粮食白酒与薯类白酒采用从量定额和从价定率的混合计税方法。自 2006 年 4 月 1 日起，定额税率为每斤(500 克)0.5 元；比例税率，粮食白酒 20%，薯类白酒 20%。具体计算公式如下：

$$应纳税额 = 销售数量 \times 单位税额 + 销售额 \times 比例税率$$

从量定额税的计量单位按实际销售商品重量确定,如果实际销售商品是按体积标注计量单位的,应按 500 毫升为 1 斤换算,不得按酒度折算。

(2)对于其他酒实行从价定率的比例税率,税率为 10%。具体计算公式如下:

$$应纳税额 = 销售额 \times 比例税率$$

(二)视同销售的计算

根据《消费税暂行条例实施细则》规定,纳税人自产自用的应税消费品,是指按规定于移送使用时纳税的应税消费品。

纳税人有同类消费品的销售价格,按同类消费品的销售价格计算;没有同类消费品的销售价格,按照组成计税价格计算纳税。

(三)政策解读

税务总局发布《关于增值税消费税与附加税费申报表整合有关事项的公告》(2021 年第 20 号,以下简称《公告》),规定自 2021 年 8 月 1 日起,全面推行增值税、消费税分别与附加税费申报表整合工作。

二、实训流程

酒类消费税网上申报实训流程图如图 3-4-10 所示。

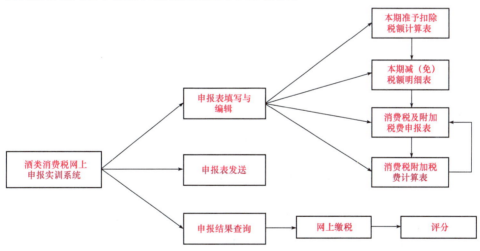

图 3-4-10 酒类消费税网上申报实训流程图

三、实训须知

(1)案例业务所涉及的会计、税收法律法规政策截至 2021 年 12 月 31 日。
(2)实训案例税款所属期默认当前月份。
(3)计算结果以四舍五入方式保留两位小数。
(4)本期不适用增值税小规模纳税人"六税两费"减征政策。
(5)消费税附加税费计算表填写保存后需再回主表确认附加税费,确认无误后再次保存。

四、案例资料

宏远集团公司为增值税一般纳税人,主要经营业务是生产粮食白酒、薯类白酒、各类酒及酒精品和饮料制造业。2022年01月发生如下经济业务。

(1)向苏州瑞德酒业有限公司销售瓶装粮食白酒 20 000 斤,开具增值税专用发票,款项已通过银行收讫。凭证如图 3-4-11、图 3-4-12 所示。

图 3-4-11　增值税专用发票记账联

图 3-4-12　银行进账单

（2）向杭州市三和粮油开发有限公司销售散装薯类白酒 20 000 斤，开具增值税专用发票，款项未收。发票如图 3-4-13 所示。

图 3-4-13　增值税专用发票记账联

（3）将自产的一批 10 000 斤红酒发给职工作为福利，该产品市场售价为 2 万元（不含增值税），实际成本为 1.4 万元。

根据以上案例资料，将纳税申报表填写完整保存后，在"发送报表"中将已经保存成功的报表上报税务机关，通过"申报查询"功能将已报送成功的报表打印出来留存备查。企业如当月申报有税款的可通过"网上缴税"申请网上扣缴税款。

五、报告提交

实训操作完成后，进入评分系统选择相对应的案例进行系统评分，将实训报告封面及各报表依次打印，主要的申报表打印如下。
（1）进行系统评分后打印实训报告封面。
（2）酒类消费税及附加税费申报表及其附表。
操作步骤：
（1）登录平台，选择"消费税"→"酒类消费税及附加税费网上申报实训系统"。酒类消费税及附加税费网上申报实训系统如图 3-4-14、图 3-4-15 所示。

图 3-4-14　酒类消费税及附加税费网上申报登录界面

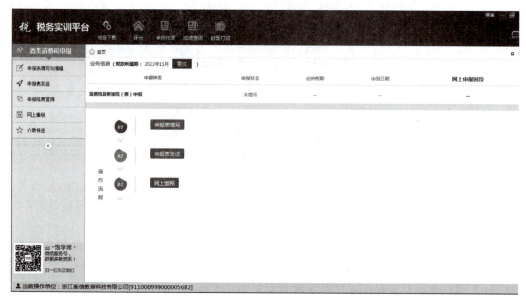

图 3-4-15　酒类消费税申报界面

(2) 按照案例中的要求流程，完成申报后单击"评分"按钮，了解实训情况，如图 3-4-16 所示。

图 3-4-16　酒类消费税申报表填写界面

(3) 实训完成后如需要修改，可通过单击"作废申报"按钮进行作废后修改申报表，申报表可以直接在原有基础上修改。

案例解析参考：

业务说明："将一批 10 000 斤的红酒发给职工作为福利"可视为应税消费品销售行为，红酒属于"其他酒"。

消费税及附加税费申报表如图 3-4-17 所示。

应税消费品名称	适用税率		计量单位	本期销售数量	本期销售额	本期应纳税额
	定额税率	比例税率				
	1	2	3	4	5	6=1×4+2×5
白酒（从价计算）	0	20%		0	550000.00	110000.00
白酒（从量计算）	0.5	0	元/斤	40000.00	0	20000.00
其他酒	0	10%		0	20000.00	2000.00
合计	—	—	—	—	—	132000.00

	栏次	本期税费额
本期减（免）税额	7	
期初留抵税额	8	
本期准予扣除税额	9	
本期应扣除税额	10=8+9	
本期实际扣除税额	11 [10<(6-7), 则为10, 否则为6-7]	
期末留抵税额	12=10-11	
本期检查税额	13	
本期应补（退）税额	14=6-7-11-13	132000.00
城市维护建设税本期应补（退）税额	15	9240.00
教育费附加本期应补（退）费额	16	3960.00
地方教育附加本期应补（退）费额	17	2640.00

图 3-4-17　消费税及附加税费申报表

消费税附加税费计算表如图 3-4-18 所示。

消费税附加税费计算表

税（费）款所属时间：2022年01月01日 至 2022年01月31日　　　　　　金额单位：元（列至角分）

税（费）种	征收品目	计税（费）依据		税（费）率（征收率）（%）	本期应纳税（费）额	本期减免税（费）额			本期是否适用增值税小规模纳税人"六税两费"减征政策			本期已缴税（费）额	本期应补（退）税（费）额
		消费税税额				减免性质代码	减免税（费）额	小规模减征减征性质代码	是	否	减征额		
		1	2		3=1×2	4	5			6	7=(3-5)×6	8	9=3-5-7-8
城市维护建设税	市区（消费税附加）	132000.00	7.0000%		9240.00						0.0000%	0.00	9240.00
教育费附加	消费税教育附加	132000.00	3.0000%		3960.00						0.0000%	0.00	3960.00
地方教育附加	消费税地方教育附	132000.00	2.0000%		2640.00						0.0000%	0.00	2640.00
合计	—	—	—		15840.00	—	0.00					0.00	15840.00

图 3-4-18　消费税附加税费计算表

【课后拓展】

二十大报告中提出："完善支持绿色发展的财税、金融、投资、价格政策和标准体系，发展绿色低碳产业，健全资源环境要素市场化配置体系，加快节能降碳先进技术研发和推广应用，倡导绿色消费，推动形成绿色低碳的生产方式和生活方式。"消费税能够在一定程度上发挥节能减排、节约资源的功能。例如，奢侈消费品由于生产链条长、工序复杂，所耗费的能源资源较多，具有高耗能、高污染的特点，通过征收消费税，能够影响消费者的"消费成本"，从而引导消费者行为，避免过度消费对人体健康造成一定损害，或对生态环境造成污染。

任务五　财务报表申报系统案例操作

知识目标

(1)熟悉一般企业财务报表申报流程；
(2)熟悉小企业会计准则财务报表申报流程。

能力目标

熟悉掌握资产负债表、利润表填制。

素质目标

(1)培养学生爱岗敬业、细心踏实的职业精神；
(2)养成财务数据系统分析思维；
(3)培养诚信守信的良好职业道德。

企业会计准则一般企业财务报表

案例资料：V3.7 一般企业财务报表网上申报教学案例 01

一、知识链接

根据财会〔2019〕6 号文件政策表示，执行企业会计准则的非金融企业中，未执行新金融准则、新收入准则、新租赁准则的企业应当按照企业会计准则和《一般企业财务报表格式(适用于未执行新金融准则、新收入准则、新租赁准则的企业)》的要求编制财务报表；已执行新金融准则、新收入准则、新租赁准则的企业应当按照企业会计准则和《一般企业财务报表格式(适用于已执行新金融准则、新收入准则和新租赁准则的企业)》的要求编制财务报表；已执行新金融准则但未执行新收入准则和新租赁准则的企业，或已执行新金融准则和新收入准则但未执行新租赁准则的企业，应当结合《一般企业财务报表格式(适用于未执行新金融准则、新收入准则、新租赁准则的企业)》和《一般企业财务报表格式(适用于已执行新金融准则、新收入准则和新租赁准则的企业)》的要求对财务报表项目进行相应调整。企业对不存在相应业务的报表项目可结合本企业的实际情况进行必要删减，企业根据重要性原则并结合本企业的实际情况可以对确需单独列示的内容增加报表项目。执行企业会计准则的金融企业应当按照《财政部关于修订印发 2018 年度金融企业财务报表格式的通知》(财会〔2018〕36 号)的要求编制财务报表，结合本通知的格式对金融企业专用项目之外的相关财务报表项目进行相应调整。

二、实训流程

一般企业财务报表网上申报实训流程图如图 3-5-1 所示。

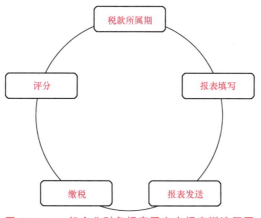

图 3-5-1　一般企业财务报表网上申报实训流程图

三、实训须知

(1)案例业务所涉及的会计、税收法律法规政策截至 2019 年 12 月 31 日。
(2)实训案例税款所属期默认当前月份。
(3)计算结果以四舍五入方式保留两位小数。

四、案例资料

案例信息见表 3-5-1、表 3-5-2。

表 3-5-1 利润表　　　　　　　　　　　　　　　会企 02 表

编制单位：众诚贸易有限公司　　　2020 年 01 月　　　　　　单位：人民币　元

项目	本月数	本年累计
一、营业收入	415 811.97	415 811.97
减：营业成本	345 523.90	345 523.90
税金及附加		
销售费用		
管理费用	35 956.35	35 956.35
研发费用		
财务费用	−312.14	−312.14
其中：利息费用		
利息收入		
资产减值损失		
信用减值损失		
加：其他收益		
投资收益（损失以"−"号填列）		
其中：对联营企业和合营企业的投资收益		
净敞口套期收益（损失以"−"号填列）		
公允价值变动收益（损失以"−"号填列）		
资产处置收益（损失以"−"号填列）		
二、营业利润（亏损以"−"号填列）	34 643.86	34 643.86
加：营业外收入		
减：营业外支出		
三、利润总额（亏损总额以"−"号填列）	34 643.86	34 643.86
减：所得税费用	8 660.97	8 660.97
四、净利润（净亏损以"−"号填列）	25 982.89	25 982.89
（一）持续经营净利润（净亏损以"−"号填列）		
（二）终止经营净利润（净亏损以"−"号填列）		
五、其他综合收益的税后净额		
（一）不能重分类进损益的其他综合收益		
1. 重新计量设定受益计划变动额		
2. 权益法下不能转损益的其他综合收益		
3. 其他权益工具投资公允价值变动		
4. 企业自身信用风险公允价值变动		
……		
（二）将重分类进损益的其他综合收益		
1. 权益法下可转损益的其他综合收益		
2. 其他债权投资公允价值变动		
3. 金融资产重分类计入其他综合收益的金额		
4. 其他债权投资信用减值准备		

续表

项目	本月数	本年累计
5. 现金流量套期储备		
6. 外币财务报表折算差额		

表 3-5-2　资产负债表

会企 01 表

编制单位：众诚贸易有限公司　　　　2020 年 01 月 31 日　　　　　　　　单位：元

资产	期末余额	年初余额	负债和所有者权益（或股东权益）	期末余额	年初余额
流动资产：			流动负债：		
货币资金	1 175 773.63	209 541.18	短期借款		
交易性金融资产			交易性金融负债		
衍生金融资产			衍生金融负债		
应收票据及应收账款	499 749.21	375 700.95	应付票据及应付账款	670 785.68	62 785.68
预付款项			预收款项	637 548.26	
其他应收款	1 500.00	1 500.00	合同负债		
存货	164 293.54	73 920.00	应付职工薪酬		
合同资产			应交税费	−14 404.65	−5 379.52
持有待售资产			其他应付款		−407.00
一年内到期的非流动资产			持有待售负债		
其他流动资产			一年内到期的非流动负债		
流动资产合计	1 841 316.38	660 662.13	其他流动负债		
非流动资产：			流动负债合计	1 293 929.29	56 999.16
债权投资			非流动负债：		
其他债权投资			长期借款		
长期应收款			应付债券		
长期股权投资			其中：优先股		
其他权益工具投资			永续债		
其他非流动金融资产			长期应付款		
投资性房地产			预计负债		
固定资产	104 758.26	22 499.49	递延收益		
在建工程			递延所得税负债		
生产性生物资产			其他非流动负债		
油气资产			非流动负债合计		
无形资产			负债合计	1 293 929.29	56 999.16
开发支出			所有者权益（或股东权益）：		
商誉			实收资本（或股本）	505 000.00	505 000.00

续表

资产	期末余额	年初余额	负债和所有者权益（或股东权益）	期末余额	年初余额
长期待摊费用			其他权益工具		
递延所得税资产			其中：优先股		
其他非流动资产			永续债		
非流动资产合计	104 758.26	22 499.49	资本公积	36 912.43	36 912.43
			减：库存股		
			其他综合收益		
			盈余公积		
			未分配利润	110 232.92	84 250.03
			所有者权益（或股东权益）合计	652 145.35	626 162.46
资产总计	1 946 074.64	683 161.62	负债和所有者权益（或股东权益）总计	1 946 074.64	683 161.62

五、报告提交

实训操作完成后，进入评分系统选择相对应的案例进行系统评分，将实训报告封面及各报表依次打印，主要的申报表打印如下。

（1）进行系统评分后打印实训报告封面。

（2）资产负债表及利润表。

操作步骤：

（1）登录平台，选择"财务报表"→"企业会计准则——一般企业财务报表"，如图3-5-2所示。

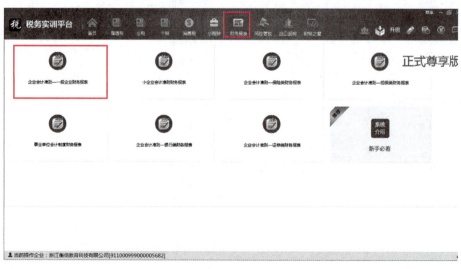

图3-5-2　企业会计准则——一般企业财务报表申报界面

(2)按照案例中的要求流程，完成申报后单击"评分"按钮，了解实训情况。申报如图 3-5-3、图 3-5-4 所示。

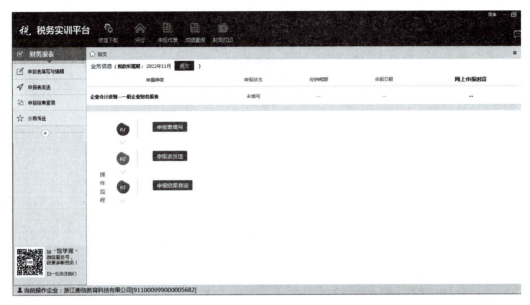

图 3-5-3　财务报表申报界面

图 3-5-4　财务报表申报表填写界面

（3）实训完成后如需要修改，可通过单击"作废申报"按钮进行作废后修改申报表，申报表可以直接在原有基础上修改。

案例解析参考：如图 3-5-5、图 3-5-6 所示。

资产负债表

纳税人识别号：91100099900000037　　税款所属期：2019年03月01日 至 2019年03月31日　　会企01表
编制单位：浙江财刀建筑工程有限公司　　填表日期：2019年04月25日　　单位：元

资产	行次	期末余额	年初余额	负债和所有者权益（或股东权益）	行次	期末余额	年初余额
流动资产：	1	0.00	0.00	流动负债：	39	0.00	0.00
货币资金	2	1,175,773.63	209,541.18	短期借款	40	0.00	0.00
交易性金融资产	3	0.00	0.00	交易性金融负债	41	0.00	0.00
衍生金融资产	4	0.00	0.00	衍生金融负债	42	0.00	0.00
应收票据及应收账款	5	499,749.21	375,700.95	应付票据及应付账款	43	670,785.68	62,785.68
预付款项	6	0.00	0.00	预收款项	44	637,548.26	0.00
其他应收款	7	1,500.00	1,500.00	合同负债	45	0.00	0.00
存货	8	164,293.54	73,920.00	应付职工薪酬	46	0.00	0.00
合同资产	9	0.00	0.00	应交税费	47	-14,404.65	-5,379.52
持有待售资产	10	0.00	0.00	其他应付款	48	0.00	-407.00
一年内到期的非流动性资产	11	0.00	0.00	持有待售负债	49	0.00	0.00
其他流动资产	12	0.00	0.00	一年内到期的非流动负债	50	0.00	0.00
流动资产合计	13	1,841,316.38	660,662.13	其他流动负债	51	0.00	0.00
非流动性资产：	14	0.00	0.00	流动负债合计	52	1,293,929.29	56,999.16
债券投资	15	0.00	0.00	非流动负债：	53	0.00	0.00
其他债券投资	16	0.00	0.00	长期借款	54	0.00	0.00
长期应收款	17	0.00	0.00	应付债券	55	0.00	0.00
长期股权投资	18	0.00	0.00	其中：优先股	56	0.00	0.00
其他权益工具投资	19	0.00	0.00	永续债	57	0.00	0.00

(a)

资产	行次	期末余额	年初余额	负债和所有者权益（或股东权益）	行次	期末余额	年初余额
其他非流动金融资产	20	0.00	0.00	长期应付款	58	0.00	0.00
投资性房地产	21	0.00	0.00	预计负债	59	0.00	0.00
固定资产	22	104,758.26	22,499.49	递延收益	60	0.00	0.00
在建工程	23	0.00	0.00	递延所得税负债	61	0.00	0.00
生产性生物资产	24	0.00	0.00	其他非流动负债	62	0.00	0.00
油气资产	25	0.00	0.00	非流动负债合计	63	0.00	0.00
无形资产	26	0.00	0.00	负债合计	64	1,293,929.29	56,999.16
开发支出	27	0.00	0.00	所有者权益（或股东权益）：	65	0.00	0.00
商誉	28	0.00	0.00	实收资本（或股本）	66	505,000.00	505,000.00
长期待摊费用	29	0.00	0.00	其他权益工具	67	0.00	0.00
递延所得税资产	30	0.00	0.00	其中：优先股	68	0.00	0.00
其他非流动资产	31	0.00	0.00	永续债	69	0.00	0.00
非流动资产合计	32	104,758.26	22,499.49	资本公积	70	36,912.43	36,912.43
	33	0.00	0.00	减：库存股	71	0.00	0.00
	34	0.00	0.00	其他综合收益	72	0.00	0.00
	35	0.00	0.00	盈余公积	73	0.00	0.00
	36	0.00	0.00	未分配利润	74	110,232.92	84,250.03
	37	0.00	0.00	所有者权益（或股东权益）合计	75	652,145.35	626,162.46
资产总计	38	1,946,074.64	683,161.62	负债和所有者权益（或股东权益）总计	76	1,946,074.64	683,161.62

(b)

图 3-5-5　资产负债表

利润表

纳税人识别号：911000999000000037　　税款所属期：2019年03月01日 至 2019年03月　　会企02表
编制单位：浙江财刀建筑工程有限公司　　填表日期：2019年04月25日　　单位：元

项目	行次	本月数	本年累计
一、营业收入	1	415,811.97	415,811.97
减：营业成本	2	345,523.90	345,523.90
税金及附加	3	0.00	0.00
销售费用	4	0.00	0.00
管理费用	5	35,956.35	35,956.35
研发费用	6	0.00	0.00
财务费用	7	-312.14	-312.14
其中：利息费用	8	0.00	0.00
利息收入	9	0.00	0.00
资产减值损失	10	0.00	0.00
信用减值损失	11	0.00	0.00
加：其他收益	12	0.00	0.00
投资收益（损失以"-"号填列）	13	0.00	0.00
其中：对联营企业和合营企业的投资收益	14	0.00	0.00
净敞口套期收益（损失以"-"号填列）	15	0.00	0.00
公允价值变动收益（损失以"-"号填列）	16	0.00	0.00
资产处置收益（损失以"-"号填列）	17	0.00	0.00
二、营业利润（亏损以"-"号填列）	18	34,643.86	34,643.86
加：营业外收入	19	0.00	0.00
减：营业外支出	20	0.00	0.00

(a)

项目	行次	本月数	本年累计
三、利润总额（亏损总额以"-"号填列）	21	34,643.86	34,643.86
减：所得税费用	22	8,660.97	8,660.97
四、净利润（净亏损以"-"号填列）	23	25,982.89	25,982.89
（一）持续经营净利润（净亏损以"-"号填列）	24	0.00	0.00
（二）终止经营净利润（净亏损以"-"号填列）	25	0.00	0.00
五、其他综合收益的税后净额	26	0.00	0.00
（一）不能重分类进损益的其他综合收益	27	0.00	0.00
1.重新计量设定受益计划变动额	28	0.00	0.00

(b)

项目	行次	本月数	本年累计
2.权益法下不能转损益的其他综合收益	29	0.00	0.00
3.其他权益工具投资公允价值变动	30	0.00	0.00
4.企业自身信用风险公允价值变动	31	0.00	0.00
……	32	0.00	0.00
（二）将重分类进损益的其他综合收益	33	0.00	0.00
1.权益法下可转损益的其他综合收益	34	0.00	0.00
2.其他债券投资公允价值变动	35	0.00	0.00
3.金融资产重分类计入其他综合收益的金额	36	0.00	0.00
4.其他债券投资信用减值准备	37	0.00	0.00
5.现金流量套期储备	38	0.00	0.00
6.外币财务报表折算差额	39	0.00	0.00
……	40	0.00	0.00
六、综合收益总额	41	0.00	0.00
七、每股收益：	42	0.00	0.00
（一）基本每股收益	43	0.00	0.00
（二）稀释每股收益	44	0.00	0.00

(c)

图 3-5-6　利润表

【课后拓展】

大数据时代，每个财会人员都要具备数据分析思维。财务报表数据分析，就是将各项财务指标作为一个整体，系统、全面、综合地对企业财务状况和经营情况进行剖析、解释、评价，说明企业整体财务状况和效益的好坏。财务报表综合分析具有系统性、全面性、综合性的特点，同样财务人员也需要养成数据系统分析思维、全面思维和综合思维的习惯，不能一叶障目、只见树木不见森林。

小企业会计准则财务报表

案例资料：V3.7 小企业会计准则财务报表网上申报教学案例01

一、知识链接

《小企业会计准则》于2011年10月18日由中华人民共和国财政部以财会〔2011〕17号印发，《小企业会计准则》分总则、资产、负债、所有者权益、收入、费用、利润及利润分配、外币业务、财务报表、附则10章90条，自2013年1月1日起施行。财政部2004年发布的《小企业会计制度》（财会〔2004〕2号）予以废止。

二、实训流程

小企业会计准则财务报表网上申报实训流程如图3-5-7所示。

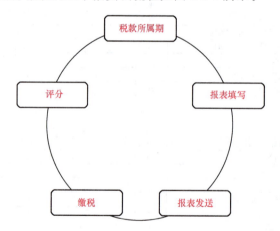

图3-5-7 小企业会计准则财务报表网上申报实训流程

三、实训须知

(1)案例业务所涉及的会计、税收法律法规政策截至2019年04月30日。
(2)实训案例税款所属期默认当前月份。
(3)计算结果以四舍五入方式保留两位小数。

四、案例资料

浙江通达物流有限公司（增值税一般纳税人）2019年05月小企业财务报表数据见表3-5-3、表3-5-4。

表 3-5-3 利润表

编制单位：浙江通达物流有限公司　　　　2019 年 05 月　　　　单位：人民币　元

项目	行次	本年累计金额	本月金额
一、营业收入	1	1 230 000.00	460 000.00
减：营业成本	2	277 107.95	59 655.87
税金及附加	3	7 460.68	7 154.68
其中：消费税	4		
增值税	5		
城市维护建设税	6		
资源税	7		
土地增值税	8		
城镇土地使用税、房产税、车船税、印花税	9		
教育费附加、矿产资源补偿费、排污费	10		
销售费用	11	21 816.16	12 191.28
其中：商品维修费	12		
广告费和业务宣传费	13		
管理费用	14	68 198.34	38 642.79
其中：开办费	15		
业务招待费	16	844.44	422.22
研究费用	17		
财务费用	18	172.50	160.00
其中：利息费用（收入以"-"号填列）	19		
加：投资收益（损失以"-"号填列）	20		
二、营业利润（亏损以"-"号填列）	21	855 244.37	342 195.38
加：营业外收入	22		
其中：政府补助	23		
减：营业外支出	24	400.00	
其中：坏账损失	25		
无法收回的长期债权投资损失	26		
无法收回的长期股权投资损失	27		
自然灾害等不可抗力因素造成的损失	28		
税收滞纳金	29		
三、利润总额（亏损总额以"-"号填列）	30	854 844.37	342 195.38
减：所得税费用	31		
四、净利润（净亏损以"-"号填列）	32	854 844.37	342 195.38

表 3-5-4　资产负债表

编制单位：浙江通达物流有限公司　　　　2019 年 05 月 31 日　　　　　　　　　　　　单位：元

资产	行次	期末余额	年初余额	负债和所有者权益	行次	期末余额	期初余额
流动资产：				流动负债：			
货币资金	1	4 488 578.81	3 201 000.00	短期借款	31		
短期投资	2			应付票据	32		20 873.04
应收票据	3			应付账款	33		
应收账款	4			预收账款	34		
预付账款	5	3 031.75	41 795.25	应付职工薪酬	35	78 548.20	76 543.20
应收股利	6			应交税费	36	64 370.46	19 996.50
应收利息	7			应付利息	37		
其他应收款	8	250 400.00	950 000.00	应付利润	38		
存货	9	600.00	1 800.00	其他应付款	39	13 676.00	13 676.00
其中：原材料	10	600.00	1 800.00	其他流动负债	40		
在产品	11			流动负债合计	41	156 594.66	131 088.74
库存商品	12			非流动负债：			
周转材料	13			长期借款	42		
其他流动资产	14			长期应付款	43		
流动资产合计	15	4 742 610.56	4 194 595.25	递延收益	44		
非流动资产				其他非流动负债	45		
长期债权投资	16			非流动负债合计	46		
长期股权投资	17			负债合计	47	156 594.66	131 088.74
固定资产原价	18	5 213 716.80	4 868 716.80				
减：累计折旧	19	810 998.36	800 000.00				
固定资产账面价值	20	4 402 718.44	4 068 716.80				
在建工程	21						
工程物资	22						
固定资产清理	23						
生产性生物资产	24			所有者权益（或股东权益）			
无形资产	25			实收资本（或股本）	48	8 000 000.00	8 000 000.00
开发支出	26			资本公积	49		
长期待摊费用	27	−416.66	1 250.00	盈余公积	50		
其他非流动资产	28			未分配利润	51	988 317.68	133 473.31
非流动资产合计	29	4 402 301.78	4 069 966.80	所有者权益（或股东权益）合计	52	8 988 317.68	8 133 473.31
资产总计	30	9 144 912.34	8 264 562.05	负债和所有者权益（或股东权益）总计	53	9 144 912.34	8 264 562.05

要求：请进行浙江通达物流有限公司 2019 年 05 月小企业财务报表申报。

五、报告提交

实训操作完成后,进入评分系统选择相对应的案例进行系统评分,将实训报告封面及各报表依次打印,主要的申报表打印如下。

(1)进行系统评分后打印实训报告封面。

(2)资产负债表及利润表。

操作步骤:

(1)登录平台,选择"财务报表"→"小企业会计准则财务报表"。小企业会计准则财务报表申报登录界面如图 3-5-8 所示。

图 3-5-8　小企业会计准则财务报表申报登录界面

(2)按照案例中的要求流程,完成申报后单击"评分"按钮,了解实训情况。申报如图 3-5-9、图 3-5-10 所示。

图 3-5-9　小企业会计准则财务报表申报界面

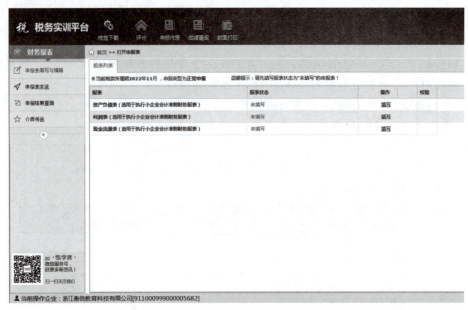

图 3-5-10　小企业会计准则财务报表申报表填写界面

(3)实训完成后如需要修改,可通过单击"作废申报"按钮进行作废后修改申报表,申报表可以直接在原有基础上修改。

案例解析参考:如图 3-5-11、图 3-5-12 所示。

资产负债表
(适用执行小企业会计准则的企业)

纳税人识别号:　　　　　　　　　　　税款所属期间:2019年05月01日 至 2019年05月31日　　　　　会小企01表
编表单位:　　　　　　　　　　　　　　　　　　　填表日期:2019年06月10日　　　　　　　　　单位: 元

资产	行次	期末余额	年初余额	负债和所有者权益	行次	期末余额	年初余额
流动资产:				流动负债:			
货币资金	1	4,488,578.81	3,201,000.00	短期借款	31	0.00	0.00
短期投资	2	0.00	0.00	应付票据	32	0.00	20,873.04
应收票据	3	0.00	0.00	应付账款	33	0.00	0.00
应收账款	4	0.00	0.00	预收账款	34	0.00	0.00
预付账款	5	3,031.75	41,795.25	应付职工薪酬	35	78,548.20	76,543.20
应收股利	6	0.00	0.00	应交税费	36	64,370.46	19,996.50
应收利息	7	0.00	0.00	应付利息	37	0.00	0.00
其他应收款	8	250,400.00	950,000.00	应付利润	38	0.00	0.00
存货	9	600.00	1,800.00	其他应付款	39	13,676.00	13,676.00
其中:原材料	10	600.00	1,800.00	其他流动负债	40	0.00	0.00
在产品	11	0.00	0.00	流动负债合计	41	156,594.66	131,088.74
库存商品	12	0.00	0.00	非流动负债:			
周转材料	13	0.00	0.00	长期借款	42	0.00	0.00
其他流动资产	14	0.00	0.00	长期应付款	43	0.00	0.00
流动资产合计	15	4,742,610.58	4,194,595.25	递延收益	44	0.00	0.00
非流动资产:				其他非流动负债	45	0.00	0.00
长期债券投资	16	0.00	0.00	非流动负债合计	46	0.00	0.00
长期股权投资	17	0.00	0.00	负债合计	47	156,594.66	131,088.74
固定资产原价	18	5,213,716.80	4,868,716.80				
减:累计折旧	19	810,998.36	800,000.00				
固定资产账面价值	20	4,402,718.44	4,068,716.80				
在建工程	21	0.00	0.00				
工程物资	22	0.00	0.00				
固定资产清理	23	0.00	0.00				
生产性生物资产	24	0.00	0.00	所有者权益(或股东权益):			
无形资产	25	0.00	0.00	实收资本(或股本)	48	8,000,000.00	8,000,000.00
开发支出	26	0.00	0.00	资本公积	49	0.00	0.00
长期待摊费用	27	-416.66	1,250.00	盈余公积	50	0.00	0.00
其他非流动资产	28	0.00	0.00	未分配利润	51	988,317.68	133,473.31
非流动资产合计	29	4,402,301.78	4,069,966.80	所有者权益(或股东权益)合计	52	8,988,317.68	8,133,473.31
资产总计	30	9,144,912.34	8,264,562.05	负债和所有者权益(或股东权益)总计	53	9,144,912.34	8,264,562.05

图 3-5-11　资产负债表

利润表
（适用执行小企业会计准则的企业）

纳税人识别号：█████████ 税款所属期：2019年05月01日 至 2019年05月31日 会小企02表
编制单位：█████████ 填表日期：2019年06月10日 单位：元

项　　　　目	行次	本年累计金额	本期金额
一、营业收入	1	1,230,000.00	460,000.00
减：营业成本	2	277,107.95	59,655.87
税金及附加	3	7,460.68	7,154.68
其中：消费税	4	0.00	0.00
营业税	5	0.00	0.00
城市维护建设税	6	0.00	0.00
资源税	7	0.00	0.00
土地增值税	8	0.00	0.00
城镇土地使用税、房产税、车船税、印花税	9	0.00	0.00
教育费附加、矿产资源补偿费、排污费	10	0.00	0.00
销售费用	11	21,816.16	12,191.28
其中：商品维修费	12	0.00	0.00
广告费和业务宣传费	13	0.00	0.00
管理费用	14	68,198.34	38,642.79
其中：开办费	15	0.00	0.00
业务招待费	16	844.44	422.22
研究费用	17	0.00	0.00
财务费用	18	172.50	160.00
其中：利息费用（收入以"-"号填列）	19	0.00	0.00
加：投资收益（损失以"-"号填列）	20	0.00	0.00

(a)

项　　　　目	行次	本年累计金额	本期金额
二、营业利润（亏损以"-"号填列）	21	855,244.37	342,195.38
加：营业外收入	22	0.00	0.00
其中：政府补助	23	0.00	0.00
减：营业外支出	24	400.00	0.00
其中：坏账损失	25	0.00	0.00
无法收回的长期债券投资损失	26	0.00	0.00
无法收回的长期股权投资损失	27	0.00	0.00
自然灾害等不可抗力因素造成的损失	28	0.00	0.00
税收滞纳金	29	0.00	0.00
三、利润总额（亏损总额以"-"号填列）	30	854,844.37	342,195.38
减：所得税费用	31	0.00	0.00
四、净利润（净亏损以"-"号填列）	32	854,844.37	342,195.38

(b)

图 3-5-12　利润表

【课后拓展】

《中华人民共和国会计法》第十三条明确规定，任何单位和个人不得伪造、变造会计凭证、会计账簿及其他会计资料，不得提供虚假财务会计报告。2016年至2018年期间，康美药业虚增巨额营业收入，虚增货币资金，虚增固定资产等。同时，康美药业存在控股股东及关联方非经营性占用资金情况。上述行为致使康美药业披露的相关年度报告存在虚假记载和重大遗漏。证监会对其发布了市场禁入决定书和行政处罚决定书。对公司处以60万元的顶格罚款，对马兴田采取终身市场禁入措施。财务人员要深刻地意识到财务造假后果的严重性，要知法守法，不弄虚作假，做一个诚实守信、有职业道德的财务人。

任务六　小税种申报系统案例操作

知识目标

(1)掌握土地增值税申报流程及申报原理；
(2)熟悉《中华人民共和国土地增值税暂行条例》；
(3)掌握印花税申报流程及申报原理；
(4)熟悉《中华人民共和国印花税暂行条例》；
(5)掌握残疾人就业保障金缴费申报流程及申报原理；
(6)掌握城建税、教育费附加、地方教育附加税(费)申报流程及申报原理；
(7)掌握社会保险费缴费申报流程及申报原理。

能力目标

(1)能独立进行小税种的纳税申报；
(2)能妥当整理税务资料并归档。

素质目标

(1)培养学生依法开展涉税工作，养成认真严谨的职业习惯；
(2)培养沟通协调能力和团队精神。

车购税申报实训系统

案例资料：V3.7车辆购置税申报实训系统教学版案例01

一、案例资料

2022年01月，韩晓军(身份证号：46010119850715007X；手机号码：15117250808)从汽车4S店(增值税一般纳税人；邮政编码：310051；经营地址：杭州市上城区之江路288号)购置了一辆排气量为1.8升的乘用车，支付购车款(含增值税)254 200元、支付购买工具件价款(含增值税)1 000元，取得"机动车销售统一发票"(发票代码：033018261815；发票号码：27065431)。

车辆类型：汽车
生产企业名称：浙江一运汽车生产有限公司
厂牌型号：BJ2037Y3MDV
发动机号：20263811
车架号：33028711291203001
排气量：1.8升

吨位：1.8 吨

要求：请代韩晓军进行车辆购置税的申报。

二、报告提交

通过以上纳税申报数据形成纳税申报表依次保存，报表数据上报成功后，进入评分系统选择相对应的案例进行系统评分，将各报表依次打印，主要的申报表打印如车辆购置税纳税申报（报告）表。

操作步骤：

（1）登录平台，选择"小税种"→"车购税申报实训系统"。小税种—车购税申报登录界面如图 3-6-1 所示。

图 3-6-1　小税种—车购税申报登录界面

（2）按照案例中的要求流程，完成申报后单击"评分"按钮，了解实训情况，如图 3-6-2、图 3-6-3 所示。

图 3-6-2　小税种—车购税申报界面

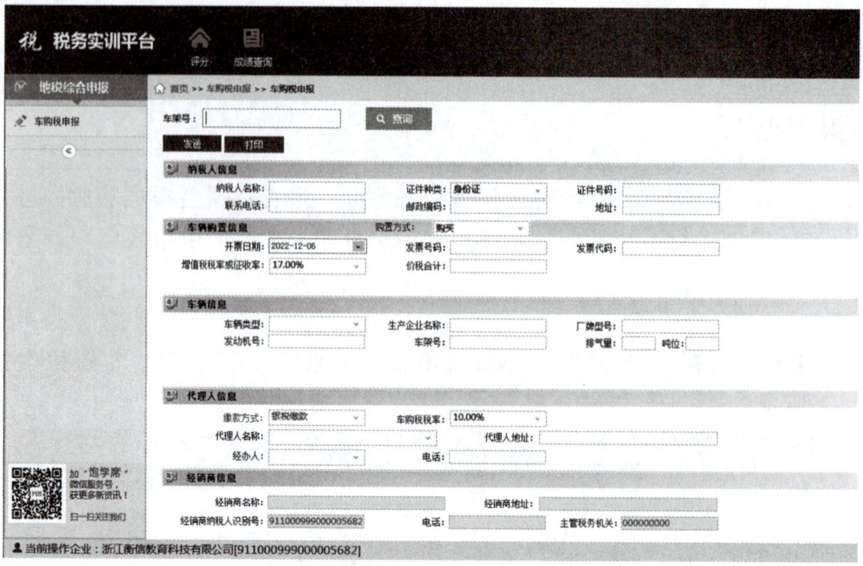

图 3-6-3　小税种一车购税申报表填写界面

(3)实训完成后如需要修改，可通过单击“作废申报”按钮进行作废后修改申报表，申报表可以直接在原有基础上修改。

案例解析参考：

业务处理说明：购买者随购买车辆支付的工具件和零部件价款应作为购车价款的一部分，并入计税依据中征收车辆购置税。

车辆购置税纳税申报(报告)表如图 3-6-4 所示。

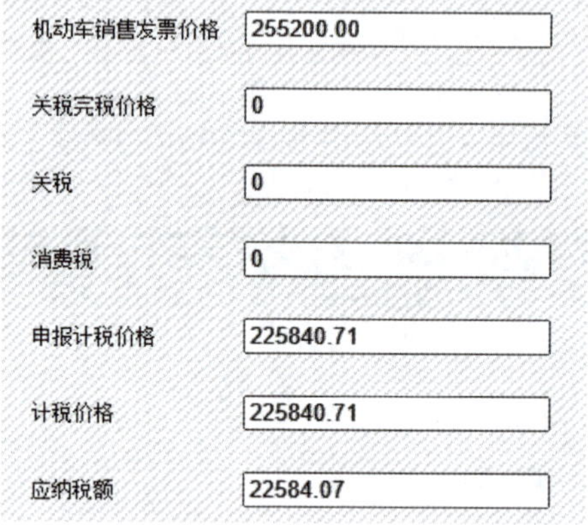

机动车销售发票价格	255200.00
关税完税价格	0
关税	0
消费税	0
申报计税价格	225840.71
计税价格	225840.71
应纳税额	22584.07

图 3-6-4　车辆购置税纳税申报(报告)表

【课后拓展】

二十大报告中指出“大自然是人类赖以生存发展的基本条件。尊重自然、顺应自然、保护自然，是全面建设社会主义现代化国家的内在要求。必须牢固树立和践行绿水青山就是金山银山的理念，站在人与自然和谐共生的高度谋划发展”。为助力经济社会发展全面绿色转型，实施可持续发展战略，国家为了促进节能环保、鼓励资源综合利用、推动低碳产业发展，实施了一系列支持绿色发展的税费优惠政策。2020 年 4 月，财政部、国家税务总局、工业和信息化部联合发布公告，明确自 2021 年 1 月 1 日至 2022 年 12 月 31 日，对购置的纯电动汽车、插电式（含增程式）混合动力汽车、燃料电池商用车等新能源汽车免征车辆购置税。免征车辆购置税的新能源汽车，通过工业和信息化部、税务总局发布的《免征车辆购置税的新能源汽车车型目录》实施管理。2020 年 12 月 31 日前已列入该目录的新能源汽车免征车辆购置税政策继续有效。为培育新的经济增长点、促进新能源汽车消费和绿色低碳发展，国务院常务会议决定延续实施新能源汽车免征车辆购置税政策至 2023 年年底，这是自 2014 年我国首次实施免征新能源汽车车辆购置税政策后第三次延续实施该政策。

土地增值税申报实训系统

案例资料：V3.7 土地增值税申报实训系统教学版案例 01

一、知识链接

土地增值税法是指国家制定的用以调整土地增值税征收与缴纳之间权利及义务关系的法律规范。现行土地增值税的基本规范，是《中华人民共和国土地增值税暂行条例》。

浙江省杭州市土地增值税的预征率调整为：从事普通标准住宅开发与转让的，预征率为 2%；从事别墅、经营用房和其他用房开发与转让的，预征率为 3%。从事房地产开发的纳税人土地增值税按月预征，于次月 10 日前向主管税务机关申报缴纳。其他单位和个人转让房地产的，应当自转让合同签订之日起七日内向主管税务机关申报和预缴土地增值税。

二、实训流程

土地增值税申报实训流程图如图 3-6-5 所示。

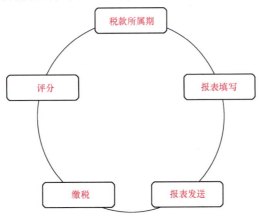

图 3-6-5　土地增值税申报实训流程图

三、实训须知

(1) 案例业务所涉及的会计、税收法律法规政策截至 2019 年 8 月 15 日。

(2)实训案例税款所属期默认当前月份。

(3)计算结果以四舍五入方式保留两位小数。

四、案例资料

企业名称：杭州金艳房地产开发有限公司

统一信用代码：91330184000108156

法定代表：胡勇平

注册资金：5 820 万元人民币

增值税类型：一般纳税人

经营范围：一般经营项目，房地产开发经营

2019 年 8 月份经营业务如下：

(1)2019 年 8 月 2 日，销售普通标准住宅杭州金城湾 10 套房屋，合计不含税价款 800.00 万元，收款方式：银行存款。

(2)2019 年 8 月 10 日，销售东岳别墅 2 套，合计不含税价款 3 200.00 万元，收款方式：银行存款。

(3)2019 年 8 月 15 日，公司将杭州金城湾 6 幢 201 室以 5 折销售给员工李丽，收到含税价款 236.00 万元，增值税税额 36 万元。

五、报告提交

通过以上纳税申报数据形成纳税申报表依次保存，报表数据上报成功后，进入评分系统选择相对应的案例进行系统评分，将各报表依次打印，主要的申报表打印土地增值税纳税申报表(一)(从事房地产开发的纳税人预征适用)。

操作步骤：

(1)登录平台，选择"小税种"→"土地增值税申报实训系统"。小税种—土地增值税申报登录界面如图 3-6-6 所示。

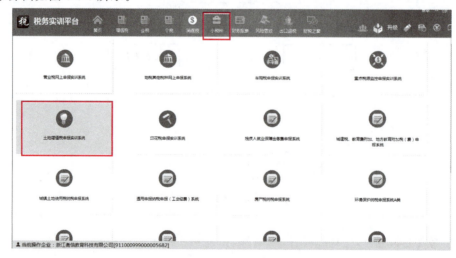

图 3-6-6　小税种—土地增值税申报登录界面

（2）按照案例中的要求流程，完成申报后单击"评分"按钮，了解实训情况，如图 3-6-7、图 3-6-8 所示。

图 3-6-7　小税种—土地增值税申报界面

图 3-6-8　小税种—土地增值税申报表填写界面

（3）实训完成后如需要修改，可通过单击"作废申报"按钮进行作废后修改申报表，申报表可以直接在原有基础上修改。

案例解析参考：

土地增值税纳税申报表如图 3-6-9 所示。

土地增值税纳税申报表（一）									
（从事房地产开发的纳税人预征适用）									
税款所属时间：	2019年08月01日 至 2019年08月31日			填表日期：		2019年09月04日			
项目名称：			项目编号：			金额单位：元至角分		面积单位：平方米	
房产类型	房产类型子目	收入				预征率（%）	应纳税额	税款缴纳	
		应税收入	货币收入	实物收入及其他收入	视同销售收入			本期已缴税额	本期应缴税额计算
	1	2=3+4+5	3	4	5	6	7=2*6	8	9=7-8
普通住宅		10000000 0	8000000		2000000	0.02	200000 0		200000 0
非普通住宅		32000000 0	32000000			0.03	960000 0		960000 0
其他类型房地产		0					0		0
合计		42000000	40000000		2000000		1160000		1160000
以下由纳税人填写：									
纳税人声明	此纳税申报表是根据《中华人民共和国土地增值税暂行条例》及其实施细则和国家有关税收规定填报的，是真实的、可靠的、完整的。								
纳税人签章			代理人签章			代理人身份证号			
受理人			受理日期		年 月 日	受理税务机关签章			
本表一式两份，一份纳税人留存，一份税务机关留存。									

图 3-6-9　土地增值税纳税申报表

【课后拓展】

房地产开发企业在经营中，由于杠杆高、竞争激烈、初始成本大、开发周期长、资金回收效率低下等问题，经营风险高，且税负较重。因此，部分企业会通过采取一定筹划手段达到节税的目的。但是需要注意的是，节税行为应严格按照税法的相关规定进行，妥善运用税收优惠等政策，而不能采取隐匿、欺诈的手段来多列成本、少列收入。在实践中，存在借口账簿不完整要求税收核定征收的、混淆扩大公共配套设施的范围等行为，均不可取。至于让他人为自己虚开发票等行为，则会构成虚开发票犯罪，或以虚开发票手段构成逃税犯罪，风险极高。

印花税申报实训系统

案例资料：V3.7 印花税申报实训系统教学版案例 01

一、知识链接

印花税是以经济活动和经济交往中，书立、领受应税凭证的行为为征税对象征收的一种税。

（一）印花税的纳税人

印花税纳税人是指在中国境内书立、使用、领受印花税法所列举的凭证，并应依法履行纳税义务的单位和个人。其可分为立合同人、立据人、立账簿人、领受人、使用人和各类电子应税凭证的签订人。

（二）印花税的税率

(1)购销合同按购销金额万分之三贴花。

(2)加工承揽合同按加工或承揽收入万分之五贴花。

(3)建设工程勘察设计合同按收取费用万分之五贴花。

(4)建筑安装工程承包合同按承包金额万分之三贴花。

(5)财产租赁合同按租赁金额千分之一贴花;税额不足1元,按1元贴花。

(6)货物运输合同按运输费用万分之五贴花。

(7)仓储保管合同按仓储保管费用千分之一贴花。

(8)借款合同按借款金额万分之零点五贴花。

(9)财产保险合同按保费收入千分之一贴花。

(10)技术合同按所载金额万分之三贴花。

(11)产权转移书据按所载金额万分之五贴花。

(12)营业账簿。

1)记载资金的账簿,按实收资本和资本公积总额万分之五贴花(自2018年5月1日起,减半征收印花税);

2)其他账簿按件贴花5元(自2018年5月1日起,免征印花税)。

二、实训流程

印花税申报流程图如图3-6-10所示。

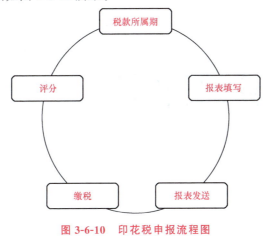

图3-6-10 印花税申报流程图

三、实训须知

(1)案例业务所涉及的会计、税收法律法规政策截至2019年08月15日。

(2)实训案例税款所属期默认当前月份。

(3)计算结果以四舍五入方式保留两位小数。

四、案例资料

浙江恒源建筑有限公司主要从事建筑工程机械的生产制造,2019年08月发生以下业务。

(1)签订钢材采购合同一份,采购金额8 000万元;签订以货换货合同一份,用库存的3 000万元A型钢材换取对方相同金额的B型钢材;签订销售合同一份,销售金额为

15 000万元。

(2)公司作为受托方签订一份加工承揽合同,合同约定:由委托方提供主要材料(金额300万元),受托方只提供辅助材料(金额20万元),受托方另收取加工费50万元。

(3)公司作为受托方签订技术开发合同一份,合同约定:技术开发金额共计1 000万元,其中研究开发费用与报酬金额之比为3∶1。

(4)公司作为承包方签订建筑安装工程承包合同一份,承保金额300万元,公司随后又将其中的100万元业务分包给另一单位,并签订相关合同。

(5)公司新增实收资本2 000万元、资本公积500万元。

(6)公司启用其他账簿10本。

要求:请进行浙江恒源建筑有限公司本月印花税的申报。

五、报告提交

通过以上纳税申报数据形成纳税申报表依次保存,报表数据上报成功后,进入评分系统选择相对应的案例进行系统评分,将各报表依次打印,主要的申报表打印:印花税纳税申报(报告)表。

操作步骤:

(1)登录平台,选择"小税种"→"印花税申报实训系统"。小税种—印花税申报登录界面如图3-6-11所示。

图3-6-11 小税种—印花税申报登录界面

(2)按照案例中的要求流程,完成申报后单击"评分"按钮,了解实训情况,如图3-6-12、图3-6-13所示。

(3)实训完成后如需要修改,可通过单击"作废申报"按钮进行作废后修改申报表,申报表可以直接在原有基础上修改。

图 3-6-12 小税种—印花税申报界面

图 3-6-13 小税种—印花税申报表填写界面

案例解析参考：

(1)业务处理说明见表 3-6-1。

表 3-6-1 业务处理说明

业务序号	业务处理说明
1	以货换货合同看作既购又销，应按合同所载的购销合同金额计算缴纳印花税
2	研发费用不作为计税金额，只对报酬金额计税
3	建筑安装工程的总承包合同和分包合同都要计税贴花
4	记载资金的账簿，按实收资本和资本公积总额万分之五贴花（自 2018 年 5 月 1 日起，减半征收印花税）
5	自 2018 年 5 月 1 日起，对按件贴花 5 元的其他账簿免征印花税

(2)印花税纳税申报(报告)表如图 3-6-14 所示。

印花税纳税申报(报告)表

税款所属时间:2019年05月01日 至 2019年05月31日　　填表日期:2019年06月10日　　金额单位:元至角分
纳税人识别号:911000999000000037

纳税人信息	名称	纳税人名称:(公章)浙江衡信教育科技有限公司		单位		个人
	登记注册类型		所属行业			
	身份证件类型		身份证件号码			
	联系方式					

应税凭证名称	计税金额或件数	核定征收		适用税率	本期应纳税额	本期已缴税额	本期减免税额		本期应补(退)税额
		核定依据	核定比例				减免性质代码	减免额	
	1	2	3	4	5=1×4+2×3×4	6	7	8	9=5-6-8
购销合同	290000000.00			0.03%	87000				87000
加工承揽合同	700000.00			0.05%	350				350
建设工程勘察设计合同				0.05%	0				0
建筑安装工程承包合同	4000000.00			0.03%	1200				1200
财产租赁合同				0.1%	0				0
货物运输合同				0.05%	0				0
仓储保管合同				0.1%	0				0
借款合同				0%	0				0
财产保险合同				0.1%	0				0
技术合同	2500000.00			0.03%	750				750
产权转移书据				0.05%	0				0
营业账簿(记载资金的帐簿)	25000000.00			0.05%	12500			6250.00	6250
营业账簿(其他帐簿)	10.00			5	50			50.00	0
权利、许可证照				5	0				0
合计	*	*	*	*	101850				95550

图 3-6-14　印花税纳税申报(报告)表

【课后拓展】

印花税优惠政策如下:

(1)对于小型企业、微型企业向银行等金融机构申请贷款涉及的借款合同,免征印花税。国家一直在关注小型企业、微型企业的发展。

(2)对廉租住房、经济适用住房、保障性住房、易地扶贫搬迁实施主体取得的安置性住房及公租房的交易双方,免征印花税。该项税收优惠政策有利于改善居民的生活居住条件,可见国家以人为本、关注民生、着重关心社会弱势群体。

(3)对农民签订的符合条件的农业产品和农业生产资料购销合同,免征印花税。国家对"三农"是非常支持的。

(4)高校学生公寓租赁合同,免征印花税。国家对于教育事业同样是非常支持的。教育事业的发展是建设文化强国和提高人民综合素质的前提条件,是一项实现中国梦的经国大业。

残疾人就业保障金缴费申报系统

案例资料:V3.7 残疾人就业保障金缴费申报系统教学案例 01

一、知识链接

将残疾人就业保障金免征范围,由自工商注册登记之日起 3 年内,在职职工总数20 人(含)以下小微企业,调整为在职职工总数 30 人(含)以下的企业。调整免征范围后,工商注册登记未满 3 年、在职职工总数 30 人(含)以下的企业,可在剩余时期内按规定免征残疾人就业保障金。

自 2018 年 4 月 1 日起，将残疾人就业保障金征收标准上限，由当地社会平均工资的 3 倍降低至 2 倍。其中，用人单位在职职工平均工资未超过当地社会平均工资 2 倍(含)的，按用人单位在职职工年平均工资计征残疾人就业保障金；超过当地社会平均工资 2 倍的，按当地社会平均工资 2 倍计征残疾人就业保障金。

二、实训流程

残疾人就业保障金缴费申报流程图如图 3-6-15 所示。

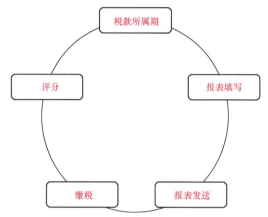

图 3-6-15　残疾人就业保障金缴费申报流程图

三、实训须知

(1)案例业务所涉及的会计、税收法律法规政策截至 2018 年 12 月 31 日。
(2)实训案例税款所属期默认当前月份。
(3)计算结果以四舍五入方式保留两位小数。

四、案例资料

纳税人名称：浙江同德软件开发有限公司
统一社会信用代码：913301097384125556
公司成立时间：2018 年 06 月 02 日
法人代表名称：马芸
经济性质：有限责任公司(非上市企业)
注册资本：100 万元
股东信息：马芸(中国国籍，身份证 150703197709104643)投资比例 80%；方军达(中国国籍，身份证 500106197803163502)投资比例 20%。
开户银行及账号：农行杭州市高新支行
银行账号：19045301040011352
注册地址：浙江省杭州市滨江区南环路国丰大厦 1502 号
电话号码：0571-87857390

营业地址：浙江省杭州市滨江区南环路国丰大厦 1502 号
所属行业：6519 其他软件开发
办税员：张丽　　联系电话：13173262331
企业主要经营范围：计算机软件研究开发、软件销售；计算机技术服务，计算机硬件销售、计算机系统集成，以及其他一切无须报经审批的合法项目。
浙江同德软件开发有限公司 2018 年在编员工 200 人，均签订 1 年以上劳动合同，其中安置了 1 名符合条件的聋哑残疾人，在职职工年平均工资 6 万元，未超过当地社会平均工资 2 倍（含）。浙江省规定的残疾人就业比例为 1.5%。
请根据综上所述业务资料进行浙江同德软件开发公司 2019 年残疾人就业保障金申报表填报工作。

五、报告提交

通过以上纳税申报数据形成纳税申报表依次保存，报表数据上报成功后，进入评分系统选择相对应的案例进行系统评分，将各报表依次打印，主要的申报表打印：残疾人就业保障金缴费申报表。

操作步骤：

(1) 登录平台，选择"小税种"→"残疾人就业保障金缴费税申报系统"。小税种—残疾人就业保障金缴费税申报登录界面如图 3-6-16 所示。

图 3-6-16　小税种—残疾人就业保障金缴费税申报登录界面

(2) 按照案例中的要求流程，完成申报后单击"评分"按钮，了解实训情况，如图 3-6-17、图 3-6-18 所示。

图 3-6-17 小税种—残疾人就业保障金缴费税申报界面

图 3-6-18 小税种—残疾人就业保障金缴费税申报表填写界面

(3)实训完成后如需要修改,可通过单击"作废申报"按钮进行作废后修改申报表,申报表可以直接在原有基础上修改。

案例解析参考:

(1)业务处理说明:将残疾人就业保障金免征范围,由自工商注册登记之日起3年内,在职职工总数20人(含)以下小微企业,调整为在职职工总数30人(含)以下的企业。调整免征范围后,工商注册登记未满 3 年、在职职工总数 30 人(含)以下的企业,可在剩余时期内按规定免征残疾人就业保障金。

(2)残疾人就业保障金缴费申报如图 3-6-19 所示。

残疾人就业保障金缴费申报表											
用人单位名称(公章): 浙江思尚电子有限公司						纳税人识别号: 91100099900000037					
通讯地址:						联系电话:					
*序号	*费款所属期起	*费款所属期止	*上年在职职工工资总额	*上年在职职工人数	*应安排残疾人就业比例	*上年实际安排残疾人就业人数	*上年在职职工年平均工资	*本期应纳费额	*本期减免费额	*本期已缴费额	*本期应补(退)费额
1	2	3	4	5	6	7	8=4/5	9=(5×6-7)×8	10	11	12=9-10-11
	2019.01.01	2019.12.31	12000000	200	0.015	1	60000	120000			120000
								0			0
								0			0
								0			0
*申报声明	本单位所申报的残疾人就业保障金相关信息真实、准确并完整,与事实相符。法定代表人(负责人)签名: 年 月 日					*经办人 *受理税务机关 *受理人		(公章)		*申报日期 年 月 日 *受理日期 年 月 日	

图 3-6-19 残疾人就业保障金缴费申报表

【课后拓展】

在党的二十大报告"增进民生福祉,提高人民生活品质"内容中提出健全社会保障体系,也要完善残疾人社会保障制度和关爱服务体系,促进残疾人事业全面发展。可见国家对于残疾人提供了多渠道保障,实行了系列的措施对这类人员进行补助。在安置残疾人就业方面,企业残保金相关优惠政策有两个,一是针对小微企业残保金的优惠政策,自 2020 年 1 月 1 日起至 2022 年 12 月 31 日,在职职工人数在 30 人(含)以下的企业,暂免征收残疾人就业保障金;二是分档征收优惠政策,自 2020 年 1 月 1 日起至 2022 年 12 月 31 日,将残保金由单一标准征收调整为分档征收,用人单位安排残疾人就业比例1%(含)以上但低于 1.5%的,按应缴费额 50%征收;1%以下的,按应缴费额 90%征收。

城建税、教育费附加、地方教育附加税(费)申报系统

案例资料:V3.7 城建税、教育费附加、地方教育附加税(费)申报实训系统教学案例01

一、知识链接

城市维护建设税、教育费附加、地方教育附加税(费)是以纳税人实际缴纳的增值税、消费税的税额为计税依据,依法计征的税种。

(一)税率

城市维护建设税采用地区差别比例税率,纳税人所在地不同,适用税率的档次也不同。具体规定如下:

(1)纳税人所在地为市区的,税率为 7%。

(2)纳税人所在地为县城、镇的,税率为 5%。

(3)教育费附加税率为 3%,地方教育附加税(费)税率为 2%。

(二)政策

增值税和附加税优惠政策见表 3-6-2。

表 3-6-2 增值税和附加税优惠政策

纳税人	销售额	增值税	城建税	教育费附加	地方教育附加税（费）
小规模纳税人	月销售额≤3万元（季度销售额≤9万元）	免征	免征	免征	免征
	3万元＜月销售额≤10万元（9万元＜季度销售额≤30万元）	2019年起免征	2019年起免征		
一般纳税人	3万元＜月销售额≤10万元（9万元＜季度销售额≤30万元）	征收	征收	免征	免征
	月销售额≤3万元（季度销售额≤9万元）				

二、实训流程

城建税、教育费附加、地方教育附加税(费)申报流程图如图 3-6-20 所示。

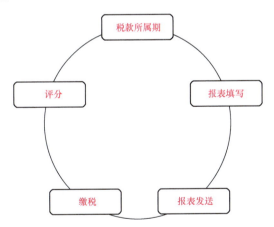

图 3-6-20 城建税、教育费附加、地方教育附加税(费)申报流程图

三、实训须知

(1)案例业务所涉及的会计、税收法律法规政策截至 2019 年 08 月 15 日。
(2)实训案例税款所属期默认当前月份。
(3)计算结果以四舍五入方式保留两位小数。

四、案例资料

内容：位于县城的杭州瑞星化妆品生产有限公司(增值税一般纳税人)2019年07月实际缴纳增值税35 000元(其中包括进口环节增值税5 000元)、消费税43 000元(其中包括由位于市区的杭州伊柒制造有限公司代收代缴的消费税3 000元)。

要求：请进行杭州瑞星化妆品生产有限公司2019年07月向所在县城税务机关缴纳城市维护建设税、教育费附加、地方教育附加税(费)的纳税申报。

五、报告提交

通过以上纳税申报数据形成纳税申报表依次保存，报表数据上报成功后，进入评分系统，选择相对应的案例进行系统评分，将各报表依次打印，主要的申报表打印：城市维护建设税、教育费附加、地方教育附加税(费)纳税申报表。

操作步骤：

(1)登录平台，选择"小税种"→"城建税、教育费附加、地方教育附加税(费)申报系统"，小税种—城建税、教育费附加、地方教育附加税(费)申报登录界面如图3-6-21所示。

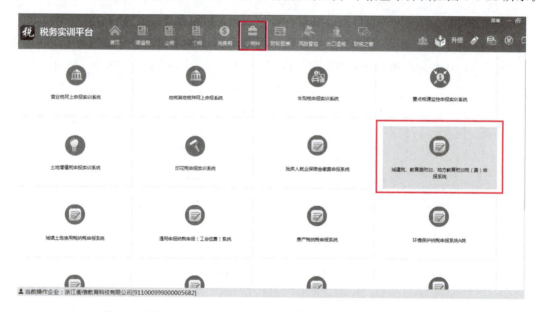

图3-6-21　小税种—城建税、教育费附加、地方教育附加税(费)申报登录界面

(2)按照案例中的要求流程，完成申报后单击"评分"按钮，了解实训情况，如图3-6-22、图3-6-23所示。

(3)实训完成后如需要修改，可通过单击"作废申报"按钮进行作废后修改申报表，申报表可以直接在原有基础上修改。

图3-6-22 小税种—城建税、教育费附加、地方教育附加税(费)申报界面

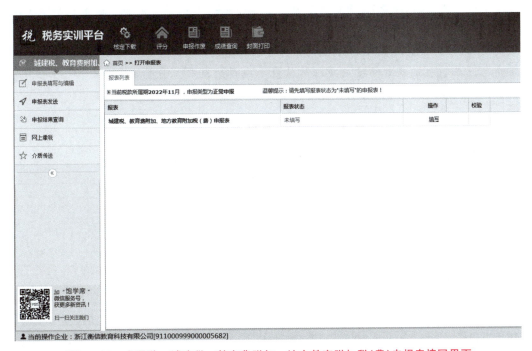

图3-6-23 小税种—城建税、教育费附加、地方教育附加税(费)申报表填写界面

案例解析参考：

城建税、教育费附加、地方教育费附加税（费）申报表如图3-6-24所示。

城建税、教育费附加、地方教育费附加税（费）申报表											
税款所属期：					填表日期：						金额单位：元至角分
纳税人识别号：						911000999000000037					
本期是否适用增值税小规模的税人减征政策（减免性质代码　城市维护建设税：07049901，减免性质代码＿教育费附加：6149901，减免性质代码＿地方教育附加：99049901）					□是　□否		减征比例＿城市维护建设税（%）				
							减征比例＿教育费附加（%）				
							减征比例＿地方教育附加（%）				
纳税人信息	名称					□单位　□个人					
	登记注册类型					所属行业					
	身份证件号码					联系方式					
征收项目	征收品目	计税（费）依据				税率（征收率）	本期应纳税（费）额	本期减免税（费）额		本期增值税小规模纳税人减征额	本期已缴税（费）额	本期应补（退）税（费）额
		增值税		消费税	营业税	合计			减免性质代码	减免额			
		一般增值税	免抵税额										
		1	2	3	4	5=1+2+3+4	6	7=5×6	8	9	10	11	12=7-9-10-11
城市维护建设税	市区（增值税附征）	30000		40000		70000	0.05	3500					3500
教育费附加	增值税教育费附加	30000		40000		70000	0.03	2100	按月纳税的月销售额或按季纳税的季销售额未超过10万元的缴纳义务人免征教育费附加				2100
地方教育附加	增值税地方教育附加	30000		40000		70000	0.02	1400	按月纳税的月销售额或按季纳税的季销售额未超过10万元的缴纳义务人免征地方教育附加				1400
合计		--	--					7000		--	--		7000
纳税人声明：此纳税申报表是根据《中华人民共和国城市维护建设税暂行条例》、《国务院征收教育费附加的暂行规定》、《财政部关于统一地方教育附加政策有关问题的通知》和国家有关税收规定填报的，是真实的、可靠的。												
纳税人签章				代理人签章				纳税人签章				
以下由税务机关填写：												

图 3-6-24　城建税、教育费附加、地方教育费附加税（费）申报表

【课后拓展】

近年来，为进一步支持小微企业发展，国家陆续出台了一系列优惠政策，2020年3月下发了小微企业"六税两费"减免新政。所谓"六税两费"指的是资源税、城市维护建设税、房产税、城镇土地使用税、印花税(不含证券交易印花税)、耕地占用税和教育费附加、地方教育附加。而"六税两费"优惠则指的是各省、自治区、直辖市人民政府可以根据本地区实际情况，在50%的税额幅度内减征增值税小规模纳税人、小型微利企业和个体工商户"六税两费"，政策执行期限延长至2024年12月31日。

社会保险费缴费申报系统

案例资料：V3.7 社会保险费缴费申报系统教学版案例01—房地产业

一、实训目的

(1)熟悉社会保险费缴费申报流程。
(2)熟悉掌握社会保险费缴费申报原理。

二、知识链接

目前，我国的社会保险项目主要有基本养老保险、基本医疗保险、工伤保险、失业保险和生育保险。2017年1月19日，国务院办公厅印发了《生育保险和职工基本医疗保险合并实施试点方案》，在2017年6月底前启动生育保险和职工基本医疗保险合并实施试点工作，试点在12个试点城市行政区域开展，期限为1年左右。2019年3月6日，国务院办公厅印发了《关于全面推进生育保险和职工基本医疗保险合并实施的意见》，全面推进两项

保险合并实施。

$$每月需缴纳的社保费＝缴费基数×缴费费率$$

2019年杭州社保缴费比例：
(1)养老保险：单位缴纳14%，个人缴纳8%；
(2)失业保险：单位缴纳0.5%，个人缴纳0.5%；
(3)工伤保险：单位缴纳比例按行业基准费率缴纳(0.4%～1.6%)，个人不需缴纳；
(4)生育保险：单位缴纳1.2%，个人不需缴纳；
(5)医疗保险：单位缴纳10.5%，个人缴纳2%。

三、实训流程

社会保险费缴费申报流程图如图3-6-25所示。

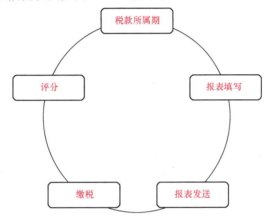

图3-6-25 社会保险费缴费申报流程图

四、实训须知

(1)案例业务所涉及的会计、税收法律法规政策截至2019年11月30日。
(2)实训案例税款所属期默认当前月份。
(3)计算结果以四舍五入方式保留两位小数。

五、案例资料

纳税人名称：杭州博旭房地产有限公司
统一社会信用代码：91331190265380 2765
公司成立时间：2010年10月05日
法人代表名称：肖祺
经济性质：有限责任公司(非上市企业)
注册资本：1 000万元
行业属性：房地产业
企业准则：企业会计准则(一般企业)

开户银行及账号：中国建设银行余杭分行 11028301832800374
地址及联系方式：杭州市余杭区文政街 18 号 0571-80920805
办税员：吴琪琪　　　联系电话：18205112828

杭州博旭公司职工张某 2019 年度月工资为 8 500 元，公司所在地职工月平均工资为 3 200 元。已知 2019 年杭州职工基本养老保险的单位缴费率为 14％，职工个人缴费费率为 8％；基本医疗保险的单位缴费费率为 10.5％，职工个人缴费费率为 2％；失业保险的单位缴费费率为 0.5％，职工个人缴费费率为 0.5％；工伤保险的单位缴费费率为 0.8％；生育保险的单位缴费费率为 1.2％（该公司社会保险费按照当地最低基数缴纳）。

要求：根据社会保险法律制度的规定，请进行杭州博旭公司职工张某 2019 年度每月社会保险费的申报。

六、报告提交

通过以上纳税申报数据形成纳税申报表依次保存，报表数据上报成功后，进入评分系统选择相对应的案例进行系统评分，将各报表依次打印，主要的申报表打印有社会保险费缴费申报表。

操作步骤：

(1) 登录平台，选择"小税种"→"社会保险费缴费申报系统"。社会保险费缴费申报登录界面如图 3-6-26 所示。

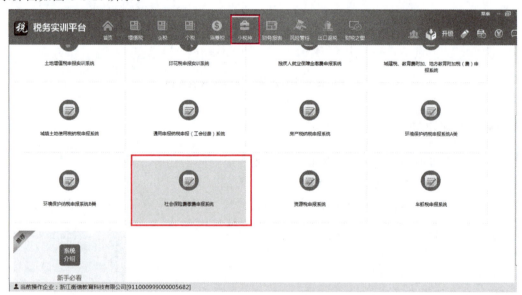

图 3-6-26　社会保险费缴费申报登录界面

(2) 按照案例中的要求流程，完成申报后单击"评分"按钮，了解实训情况，如图 3-6-27、图 3-6-28 所示。

(3) 实训完成后如需要修改，可通过单击"作废申报"按钮进行作废后修改申报表，申报表可以直接在原有基础上修改。

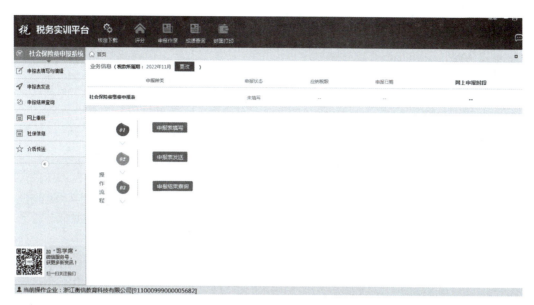

图 3-6-27　社会保险费缴费申报界面

图 3-6-28　社会保险缴费申报表填写界面

案例解析参考：

社会保险费缴费申报表如图 3-6-29 所示。

	社会保险费缴费申报表								
☑ 正常申报 □ 补缴申报								金额单位：元（列至角分）	
缴费人识别码：91100099900000037			费款所属日期：				联系电话		
缴费单位名称：浙江衡信教育科技有限公司			单位地址 缴费账号				登记注册类型		
缴费银行									
费种	征收项目	征收子目	缴费基数	费率	应缴费额	滞费金额	抵缴费额	本期应缴费额	缴费人数
1	2	3	4	5	6=4×5	7	8	9=6-7-8	10
企业职工基本养老保险费	职工基本养老保险（单位缴纳）	企业缴纳	3200	14%	448			448	
企业职工基本养老保险费	职工基本养老保险（个人缴纳）	企业职工缴纳	3200	8%	256			256	
失业保险费	失业保险（单位缴纳）	企业缴纳	3200	0.5%	16			16	
失业保险费	失业保险（个人缴纳）	企业职工缴纳	3200	0.5%	16			16	
基本医疗保险费	职工基本医疗保险（单位缴纳）	基本医疗保险费I、II	3200	10.5%	336			336	
基本医疗保险费	职工基本医疗保险（个人缴纳）	职工缴纳	3200	2%	64			64	
基本医疗保险费	其他医疗保险	重大疾病医疗补助_个人		0%	0			0	
工伤保险费	工伤保险	企业缴纳	3200	0.8%	25.6			25.6	
生育保险费	生育保险	企业缴纳	3200	1.2%	38.4			38.4	
合计	—	—	—	—	1200	0	0	1200	—
销售（营业）收入		本期工资总额				职工人数			
缴费人申明	本缴费单位所申报的社会保险费真实、准确，如有虚假内容，愿承担法律责任。 法人代表（业主）签名： 年 月 日		授权人申明	我单位授权 为本缴费人代理申报人，任何与申报有关的往来文件，都可寄此代理机构。 授权人： 实代理合同号： 年 月 日			代理人申明	本申报表是按照社会保险费有关规定填报，我确认其真实、合法。 代理人（签章）： 经办人： 年 月 日	
税务机关受理人：			受理日期： 年 月 日				备注：		
填表人签名：							填表日期： 年 月 日		

图 3-6-29 社会保险缴费申报表界面

【课后拓展】

广东肇庆的陈先生来到广东中山应聘某互联网平台的配送员，报到时发现待遇和招聘信息有出入，而且公司要求他签署一份"协议"，让他工作期间"自愿放弃"社会保险等待遇。在遭到质疑后，该平台表示没有为骑手购买社保是双方"你情我愿"。然而，在劳动关系中，关系到社保是没有"你情我愿"一说的，"自愿放弃购买社保"本身就是一个违规约定。社保属于强制性保险，单位有为职工缴纳社保的法定义务。同时，每个求职者也要坚定立场，毕竟社保的重要性不可替代。有道是——千百万户户户都是储户，七十二行行行不离保险。

任务七　纳税评估系统案例操作

知识目标

（1）掌握税控要素、税种计算、申报方法及流程；
（2）掌握会计工作所必需的税收理论、基本知识和技能。

能力目标

（1）掌握获取纳税申报资料的方法；
（2）掌握我国现行各税种从申报表的填写，直到完税的整个纳税流程。

素质目标

(1) 养成严谨细致的工作习惯;
(2) 培养税务风险防范意识。

纳税评估系统包括:纳税评估教学系统、纳税评估单点策略实训系统。纳税评估教学系统应用于纳税评估理论课程的学习、随堂的训练和阶段测评。纳税评估单点策略实训系统应用于学习后的综合评估,根据企业的年度经济业务数据、财务报表进行企业风险评估。

纳税评估教学系统

操作步骤:

(1) 登录平台,选择"风险管控"→"财税大数据风控教学指导"→"纳税评估教学系统"。财税大数据风控教学管理平台如图3-7-1所示。

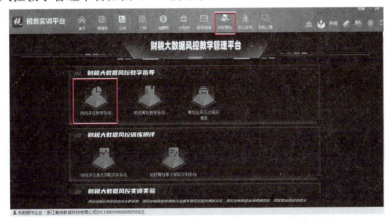

图3-7-1 财税大数据风控教学管理平台

(2) 进入系统后,分为理论学习、评估指标、数据来源、指标测评四个部分,如图3-7-2所示。

图3-7-2 纳税评估教学系统

(3)理论学习包括纳税评估原理与依据、纳税评估方法经验与逆向工程、纳税评估案例大全、《2021年税收风险管控及纳税知识主题培训》等，如图3-7-3所示。

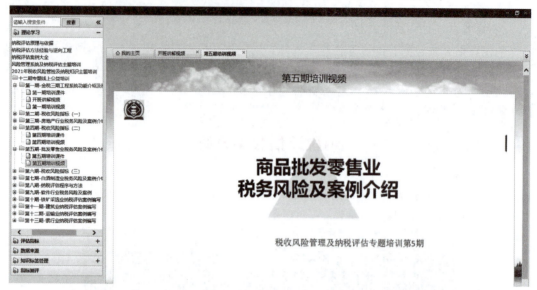

图 3-7-3　理论学习

12期专题公益培训资料包括视频和课件，内容涉及税收风险指标分析，房地产行业、批发零售业、软件行业等典型行业评估案例教学，纳税评估系统学习内容如图3-7-4所示。

图 3-7-4　纳税评估系统学习内容

(4)评估指标包括：税收负担类、申报合法类、纳税能力类、生产经营类、财务管理类，如图3-7-5所示。

图 3-7-5 评估指标

(5)数据来源包括生产经营数据表、财务会计报表、涉税业务表单,如图 3-7-6 所示。

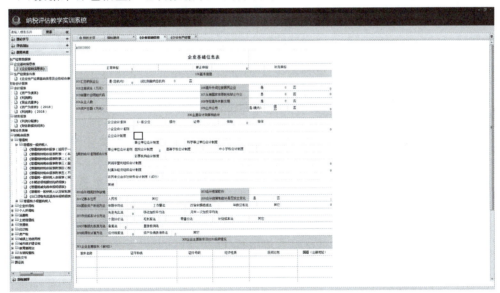

图 3-7-6 数据来源

(6)指标评测:在理论学习之后可以进行指标训练、指标评测。指标训练运用于课后训练,通过单选题、多选题、判断题的形式测试学生的学习成果,在教师端可以查看测试成果,并且教师端可以控制复盘悬案的开放与关闭,隐藏和查看正确答案,如图 3-7-7、图 3-7-8 所示。

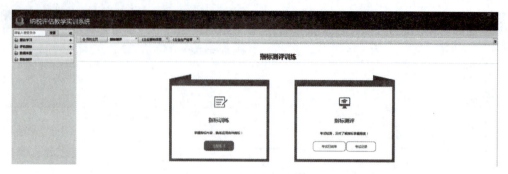

图 3-7-7　指标测评训练

图 3-7-8　指标训练记录

指标评测运用于阶段测评，运用税务实训平台教师端进行考试的组织，形式为单选题、多选题、判断题形式，试题可直接导入，阶段测评有防作弊功能，保证阶段测评的公平和公正性，能够了解到学生的学习情况，考试结束后有成绩分析功能，了解到学生错误较多的试题和得分分布等数据，从而有针对性地指导和提升学生的风险管控意识与能力。

【课后拓展】

在实际工作中，作为纳税人的我们，对纳税评估、税务审计和税务稽查往往并不了解。

纳税评估、税务审计和税务稽查是税务机关对纳税人开展监督、审核的有效工具，是税收征管体系的重要组成部分。建立有效的纳税评估、税务审计和税务稽查制度，可以堵塞偷税、逃税的漏洞，为纳税人提供公平、合理的纳税环境，对进一步改善和提高税收征管水平有至关重要的作用。

一般来说，纳税评估主要针对的是当期纳税行为，在纳税人当期申报纳税过程中开展税源真实性的评估，同时，为税务审计和税务稽查提供选案对象。税务审计是一个复杂的过程，在纳税人纳税状况存在问题时，对以往和现在纳税人的纳税情况做审核检查，是更为全面和细致的审核，一般贯穿于整个税收管理期间。税务稽查则是税务机关代表国家依法对纳税人的纳税情况开展检查、监督，具体包括日常稽查、专项稽查和专案稽查，是税收管理工作中的执法活动。

纳税评估单点策略实训系统

案例资料：杭州永泰超市有限公司

一、行企背景

1. 行企现状

近年来，随着经济持续发展和人民收入不断提高，零售业发展较快，大型连锁超市由于商品品种齐全、经营模式多元化等优势，受到人民群众的青睐，国内外大型连锁超市陆续入驻中国，且销售额快速增长。目前，中国零售业在外资零售巨头的推动下正发生着剧烈的变革。

自1995年以来，国际零售业巨头，如法国的家乐福、美国的沃尔玛、德国的麦德龙等相继登陆中国，国内零售业便由此激起了千层巨浪，同时代表国内零售业发展水平的如联华、华联、农工商等国内零售巨头也遍地开花（仅全国性的大卖场就有400余家，还不算各地的地方型卖场）。这促使各地批发市场及百货商店在中心城市逐步让位于连锁超市、大卖场等新兴业态。短短几年间，各种规模的连锁超市、大卖场蓬勃发展，迅速成为人们日常生活不可缺少的一部分，新业态的诞生对传统的商业零售业形成了强大的冲击，并加速了传统业态的深度变革。

近几年来，由于电子商务的发展，网上购物已逐渐成为年轻人习惯，电子商务的基础设施也日渐完善，对连锁超市、大型卖场等产生了比较大的影响，当然，由于其具有的良好购物体验、商品的丰富性、周边居民购物的便利性等优势，连锁超市、大卖场还是具有广阔的市场需求，还会提供大量的就业机会。

连锁超市、大卖场等业态，由于涉及品种多、流程长、范围广、就业吸附力强，所以涉及的税收政策、会计处理等比较复杂，需要考虑的因素较多，对财务人员来说，需要掌握的政策和业务处理能力的要求比较高，也更能体现出财税岗位人员的专业能力和岗位价值，所以，对学生来说，通过对商贸企业，特别是大型跨区域连锁超市业务的学习，可以了解行业的现状、行业的特点、行业的布局、行业的规律、行业的地位、行业的发展趋势等信息和知识，从而提升财税专业学生的业务综合处理能力。

2. 行企特点

超市是未来的现代化"菜市场"，采取自选销售方式，以销售食品、生鲜食品、副食品和生活用品为主，主要满足顾客日常生活需求的零售业态。

超市主要具备以下特点。

(1)大型超市在商品组合上采取销售额向少数品种高度集中的方法，以达到大量销售（量贩）的目的。这一商品组合方法，既要在总体上能够满足消费者一次性购买的要求，又要在商品线的宽度和深度上控制好，以达到少数品种量贩的目的。

(2)大型超市的价格定位采取严格按商品的品种区别定价的方法。对消费者对其价格不敏感的商品，自己加工、用自有品牌，以较高毛利率销售；对消费者对其价格特别敏感的日常生活必需品，以薄利多销；而对一些品牌商品甚至可以无毛利销售。

(3)大型超市以最优质量、最优价格的形象和策略、天天平价的口号吸引顾客为第一利润源；以自己加工商品(面包、熟食、配菜等)为第二利润源；以合理组织供货商的商品配送为第三利润源。

(4)大型超市的经营方式灵活多样，综合性强。出租场地给商品品项相关联和互补的供货商，以降低经营成本，化解由于选址在中心城区所带来的经营压力。

(5)大型超市的营业面积大，能较完整地涵盖标准食品超市和百货商店的经营内容。对超过10 000平方米的大店一般会采取两层楼面分设，使消费者不至于太累，并在心理上产生逛了两个商店的乐趣。

(6)对商场里入驻的其他商家，超市可能会使用购物卡进行统一货款结算。

(7)大型超市存在大量的包装箱、包装盒等包装物品的回收与销售业务。

(8)大型超市的客户，由于有大量的居民客户，所以存在很多销售业务不需要开具发票。

(9)大型超市的商品入场，存在多种业务形态和收入类型，如进场费、展示费、促销费、上架费、服务补贴、一次性费用等。

(10)大型超市经常举办优惠促销活动，经常要发放促销赠品。

(11)由于企业经营物品的便利，经常给员工发放实物福利。

3. 行企趋势

超市在现在及未来几年内取代部分批发市场及百货商店是很现实的，它已成为省会城市及二线城市零售业的重点。

根据中国超市发展的实际，结合国际上超市发展的现状，以下这些趋势是我们能够预见到的。

(1)标准化。在商业回归本质的背景下，标准化的第一步就是超市要回归超市业态的本质，这一本质就是超市是经营食品的商业经营形态，专注于食品(全国各地超市这几年来服装、家电、杂货和包装食品的销售占比都在下降，唯有生鲜食品的销售占比在上升，专注于食品特别是生鲜食品已成为超市主营方向的不二选择)。由于消费者对食品安全性的重视和国家食品安全管理的升级，超市经营生鲜食品和其他食品的前提是必须做到安全性与高品质，而安全性和高品质的保证要通过生鲜食品全产业链的标准化管控才能达到。既然是全产业链的标准化管理，超市企业在组织架构上就需要设立标准化部或品质管控部，这些部门的标准化管理必须能够深入供应链环节的田间地头与工厂车间。由此超市就需要引进和培养农业方面与工业方面的专业性管理人员。连锁超市要经营好生鲜食品，必须能够做到规模化，而要做到规模化，就要做到标准化，没有标准化就没有规模化。因为，做到了标准化才可以进行复制，才能进行规模化。中国超市下一步发展的重点内容是对供应链进行整合，要整合好供应链就必须建立好、执行好供应链各环节的运行标准，而当前制定好这些标准并将它执行好将成为对中国超市的巨大挑战。

(2)餐饮化。今天作为实体店的中国超市其目标顾客发生了变化，顾客需求发生了变化，80后已成为家庭消费的主导，中国家庭老龄化比重快速上升，许多老年人操作一日三餐已经力不从心，他们需求上一个明显的变化就是到超市买生鲜食品从过去的买食材向买加工品、半成品和成品转化。这种转化给了超市一个指向，超市生鲜经营向餐饮化发展。餐饮化发展是中国超市下一个十年巨大的发展空间，可以肯定超市未来主要的竞争对手是餐饮行业。

超市生鲜经营餐饮化优势是明显的。

第一，饭店酒店的租金远高于超市的租金。

第二，超市餐饮的食材来自超市生鲜品的食材，资源共享和损耗消化优于饭店、酒店。

第三，超市餐饮的毛利率只要达到超市一般商品的毛利率即可，这要远低于饭店、酒店高达50％以上的毛利率，竞争优势明显。

必须清醒地认识到，超市生鲜餐饮化的发展是消费者的需求变化决定的，而不是我们臆想出来的，这也是经济与国民收入达到一定发展水平后出现的消费变化。目前中国大多数超市里，餐饮化还停留在较初级的阶段，如供应各个地方特色的主食摊档和熟食摊档，半成品和加工品还太少，快餐店的形式、咖啡店的形式还没有在超市里大量地发展起来。

因此，我们要考虑超市餐饮化具体的实现形式，这就要求我们对餐饮市场做细分化的研究分析，对生鲜类商品做细分化的板块拆分，进行专柜化经营。超市的餐饮化中快餐化是一个重要的内容，开发工业化生产品快餐类商品对发展超市餐饮的快餐化十分重要。由于保鲜与冷冻技术的发展，工业化的、低油低盐的、以海洋食材为原材料的冷冻性快餐食品将成为超市餐饮化发展的商品资源库中的重要选项。超市的餐饮化发展是一个经营精细化的过程，也是家务劳动社会化和消费需求个性化的过程，研究自己目标顾客的需求偏好已经成为超市餐饮化发展的一个重要课题。我们一直在说要增强消费者来超市购物的体验，要缩短产品从工厂到商场的距离，而超市生鲜食品的餐饮化恰恰能做到这两点。

（3）国际化。在超市生鲜食品和包装食品的经营品类中，有研究分析认为未来中国超市里这些品类中的30％～40％将为进口食品所替代，这种替代是一个大趋势，背后的原因是全球贸易必然的比较成本和比较利益。当这么大的商品品类的比重需要进口时，中国超市生鲜食品和一般食品的国际化一定成为趋势。这几年来进口食品成为中国超市迅速成长起来的品类，这些品类中包括葡萄酒、啤酒、巧克力、坚果、奶制品、牛羊肉、深海鱼虾、休闲食品、水果、化妆品等。由于进口食品是国际贸易的交易形式，以集装箱为单位的大规模采购就成为一种必要的采购模式。又由于进口贸易涉及海关、商检和卫生检疫等一系列环节，一家一户的海外采购就成为规模不经济的方式，所以必须探讨多种形式的联合采购。

二、基本信息

1. 企业基本信息

纳税人名称：杭州永泰超市有限公司（以下称"杭州永泰"）
统一社会信用代码：913301097384125888
公司成立时间：2009年7月1日
经济性质：有限责任公司

杭州永泰的集团总部在浙江省，2009年7月注册成立并开始经营，2009年11月认定为增值税一般纳税人。其商品由总部统一采购。

营业用房为租赁，营业面积为 18 930 平方米，共 4 层，其中第四层全部转租给 KTV，第一层部分转租给 30 多家企业和个体户商户，二、三层除自营外部分出租，出租场地由总部招商部统一负责招商。

杭州永泰的员工共 170 人，其中：店长 1 人，经理 5 人，主管 28 人，资深员工 35 人，普通员工 101 人。其高层及部分中层人员由集团指派，其他人员基本由该超市自主招聘。

超市于 2014 年 10 月启用集团总部开发的 SAP 财务软件系统和 GMD 营运软件系统（发卡、POS 机、库存管理等），通过 SAP 系统进行核算，GMD 营运系统信息自动导入 SAP 系统，根据各类管理人员分级设置权限。

2. 企业经营情况

(1)杭州永泰的经营方式。

1)直营模式：杭州永泰从总部及供应商进货，然后卖给消费者，总部供货占全部采购额的 95％。每个月 25 日总部仓库给杭州永泰开具上个月调拨给杭州永泰的货物发票。

2)店面租赁模式：杭州永泰将店面租赁给其他商户，只是收取租金收入，商户的商品销售、收款等均与该店无关。

(2)杭州永泰的主营内容和信息。

1)零售预包装食品兼散装食品、乳制品(含婴幼儿配方乳粉)；

2)五金交电、针纺织品、服装、鞋帽、日用百货、通信器材、办公用品、助动车、摩托车、汽车配件、家用电器、体育用品、健身器材、文具用品、工艺品(其中金银首饰制品零售)；

3)佣金代理(除拍卖)；

4)对国内法人企业进行柜台出租；

5)自营商品的仓储、送货、安装、维修、信息咨询。

两种企业经营数据对比见表 3-7-1。

表 3-7-1　两种企业经营数据对比

企业名称	丙超市		杭州永泰	
所属期	2017 年	2018 年	2017 年	2018 年
销售收入	168 639 175.80	191 430 917.16	131 539 823.28	149 661 317.95
销售成本	142 516 967.40	163 194 856.80	121 990 741.85	138 943 749.56
销售毛利	26 122 208.40	28 236 060.36	9 549 081.43	10 717 568.39
销售毛利率	15.49％	14.75％	7.26％	7.16％
应交增值税	3 779 203.93	3 928 162.42	2 480 232.56	2 483 856.86
应税销售额	151 775 258.22	172 287 825.4	128 604 466.42	146 398 224.31
实际增值税税负率	2.49％	2.28％	1.93％	1.70％

剩余的财务报表、业务说明图、纳税申报表三项内容,因涉及过多表格,可由教师发布后学生在系统内查看。

3. 案头说明

(1)该地区大型连锁超市 2018 年 12 月销售收入情况如下,甲超市:5 191 万元;乙超市:3 836 万元;丙超市:1 595 万元;杭州永泰:1 812 万元。

(2)丙超市财务管理制度健全,账务处理、纳税申报管理体系规范,丙超市销售毛利率、增值税税负率可作为行业平均水平参考。

(3)行业类超市 2018 年销售额中品类占比为:16%税率的商品占比 70%,10%税率的商品占比 20%,免税的商品占比 10%。

(4)通过普通发票开票信息查询,税务人员了解到企业有部分普通发票开具给区外企业;通过防伪税控发票信息查询,了解到企业有增值税专用发票开具给区外企业,且增值税发票抵扣中有 50 000 元石油公司开具的发票,公司的车辆 2018 年年度耗油大约 10 000 元/辆。还有部分钢构企业开具的发票。

(5)公司有 2 辆办公用车用于行政部门需要,其他货物运输均由运输公司负责。

(6)商业零售企业的顾客个人消费者较多,开票率一般占整个销售收入的 50%。

操作步骤:

(1)教师端发布教学案例后,学生端可以对已发布的案例进行查看和操作,学生通过学习指引、行企背景、案例场景给出的信息和数据,进行案头分析,进行企业风险的评估。其分为四个部分:风险点判断和结论、风险特征分析计算、风险信息排除确认、风险应对经验策略,如图 3-7-9、图 3-7-10 所示。

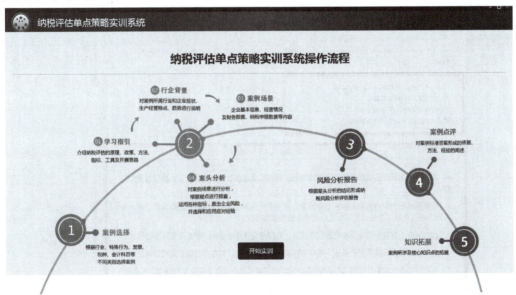

图 3-7-9 纳税评估单点策略实训系统操作流程

图 3-7-10 案头分析

（2）学生在操作时，分为系统评分和人工评分两部分。在进行风险点的判断和选择时，还能用文字描述填写自己的思路，教师端可以查看学生的解答思路，给出额外的人工评分，如图 3-7-11 所示。

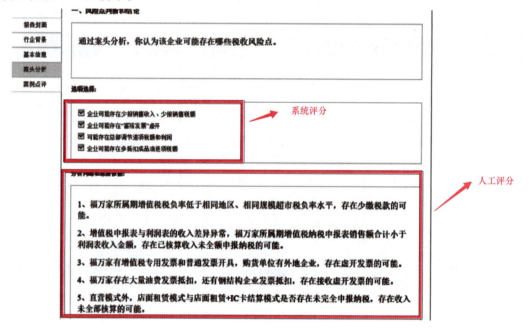

图 3-7-11 评分分类

（3）案例操作完成后，根据教师端的教学控制可以进行成绩查询、详细风险识别报告查看、案例重做，如图 3-7-12 所示。

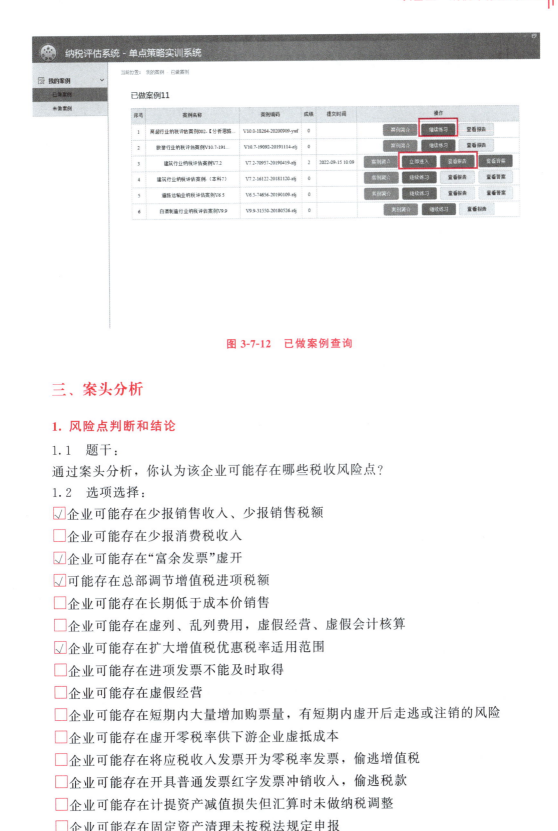

图 3-7-12 已做案例查询

三、案头分析

1. 风险点判断和结论

1.1 题干：
通过案头分析，你认为该企业可能存在哪些税收风险点？

1.2 选项选择：
☑ 企业可能存在少报销售收入、少报销售税额
☐ 企业可能存在少报消费税收入
☑ 企业可能存在"富余发票"虚开
☑ 可能存在总部调节增值税进项税额
☐ 企业可能存在长期低于成本价销售
☐ 企业可能存在虚列、乱列费用，虚假经营、虚假会计核算
☑ 企业可能存在扩大增值税优惠税率适用范围
☐ 企业可能存在进项发票不能及时取得
☐ 企业可能存在虚假经营
☐ 企业可能存在短期内大量增加购票量，有短期内虚开后走逃或注销的风险
☐ 企业可能存在虚开零税率供下游企业虚抵成本
☐ 企业可能存在将应税收入发票开为零税率发票，偷逃增值税
☐ 企业可能存在开具普通发票红字发票冲销收入，偷逃税款
☐ 企业可能存在计提资产减值损失但汇算时未做纳税调整
☐ 企业可能存在固定资产清理未按税法规定申报

☐企业可能存在不符合规定的资产损失列支了营业外支出
☑企业可能存在多抵扣成品油进项税额

分析判断思路和依据如下：

（1）杭州永泰所属期增值税税负率低于相同地区、相同规模超市税负率水平，存在少缴税款的可能。

（2）杭州永泰从总部及供应商进货，然后卖给消费者，总部供货占全部采购额的95%。每个月25日总部仓库给杭州永泰开具上个月调拨给杭州永泰的货物发票，有总部调节进项税的可能。

（3）杭州永泰顾客大部分为个人不需要开发票，存在富余发票，且企业有增值税专用发票开具给区外企业，有虚开发票的可能。

（4）杭州永泰存在大量油费发票抵扣，企业可能存在多抵扣成品油进项税额。

（5）杭州永泰有免税商品和优惠税率的商品销售额，且增值税税负率较低，可能有存在扩大增值税优惠税率适用范围。

2. 风险特征分析计算

（1）题干：
你判断的风险模型、计算公式、指标源、特殊信息有哪些？

（2）选项选择：

☐（超低税负）工业和商业零售企业所得税税负率＜0.5%
☐商贸企业进销税率不一致
☑2018年永泰毛利率为7.16%，低于行业平均值14.75%
☐商贸企业毛利率＞20%且增值税税负率＜2%
☐利润表中长期存在：主营业务成本＞主营业务收入
☐商贸企业期间费用总额＞主营业务收入×20%
☑商业零售企业未开具发票金额低于销售总金额×30%
☐一般纳税人增票异常（一个月内增票三次且总数超过300份）
☐将应税收入开为零税率
☐未开票收入为负
☐平均存货金额大于销售收入×30%
☐当期新增应收账款金额大于销售收入×80%
☐期初库存商品较大而期初留抵税额较小
☐当年取得的不征税收入＞0、不征税收入形成的支出调增金额＝0
☐营业外收入＞销售收入×1%
☐期初留抵税额较大而期初库存较少
☐开具普通发票红字发票冲销收入
☑2017年增值税进项税与销项税的比例为91.17%，2018年增值税进项税与销项税的比例为92.52%
☑0税率收入占比为18%，超过了行业平均值10%

☑ 2017年增值税税负率为1.93%，2018年增值税税负率为1.7%，都低于行业平均值
☑ 根据进项税抵扣明细表，测算年度成品油的用量可供5辆车使用

分析判断思路和依据如下。

1）少报销项税的疑点用2个风险特征来计算。

①毛利率：2018年永泰毛利率为7.16%，低于行业平均值14.75%。

②增值税税负率：2017年增值税税负率为1.93%，2018年增值税税负率为1.7%，都低于行业平均值。

2）富余发票虚开的疑点用商业零售企业未开具发票金额低于销售总金额×30%这个风险特征来计算，看增值税纳税申报表附表一，未开具发票金额/全部销售金额＝27%。

3）扩大增值税优惠税率适用范围的疑点：用免税收入占比来测算，通过增值税纳税申报表附表一来测算，免税收入占比为18%，超过了行业平均值10%。

4）总部调节进项税的风险疑点用"年度增值税进项税与销项税的比例"来测算，发现2017年增值税进项税与销项税的比例为91.17%，2018年增值税进项税与销项税的比例为92.52%，两个年度差别不大。

5）企业可能存在多抵扣成品油进项税额的风险疑点用年度油费发票除以每辆车年度用油来测算，增值税发票抵扣中有50 000元石油公司开具的发票，公司的车辆2018年年度耗油大约10 000元/辆，所以，测算出来年度成品油的用量可供5辆车使用。

3. 风险信息排除确认

（1）题干：

请通过上述资料对税收风险进行判断、验证、排除、确认。

（2）选项选择：

☐ 企业肯定存在少报销售收入、少申报销售税额
☑ 企业是否存在少报销售收入、少申报销售税额还无法判断
☐ 企业肯定不存在少报销售收入、少申报销售税额
☑ 企业是否存在"富余发票"虚开还无法判断
☐ 企业肯定存在"富余发票"虚开
☐ 企业肯定不存在"富余发票"虚开
☐ 企业肯定存在总部调节进项税额和利润
☑ 企业肯定不存在总部调节进项税额和利润
☐ 企业肯定存在短期内大量增加购票量，有短期内虚开后走逃或注销的风险
☐ 企业肯定不存在虚开零税率供下游企业虚抵成本
☐ 企业肯定存在将应税收入开为零税率，偷逃增值税
☐ 企业肯定不存在将应税收入开为零税率，偷逃增值税
☐ 企业肯定不存在固定资产清理未按税法规定申报
☐ 企业肯定存在不符合规定的资产损失列支了营业外支出
☐ 企业销售环节肯定存在大量现金交易，导致购销两头业务真实性、完整性很难控制
☑ 企业肯定存在多抵扣成品油进项税额

☐企业肯定不存在多抵扣成品油进项税额

☐企业是否存在多抵扣成品油进项税额还无法判断

☑企业是否存在扩大增值税优惠税率适用范围还无法判断

分析判断和思路依据如下。

经过风险特征的分析计算，对于5个风险疑点进行排除：

1)少报销项税的疑点用2个风险特征来计算。

①毛利率：2018年永泰毛利率为7.16%，低于行业平均值14.75%。

②增值税税负率：2017年增值税税负率为1.93%，2018年增值税税负率为1.7%，都低于行业平均值。

判断：企业是否存在少报销售收入、少申报销售税额还无法判断。

2)富余虚开的疑点用商业零售企业未开具发票金额低于销售总金额×30%这个风险特征来计算，看增值税纳税申报表附表一，未开具发票金额/全部销售金额＝27%。

判断：企业是否存在"富余发票"虚开还无法判断。

3)扩大增值税优惠税率适用范围的疑点：用免税收入占比来测算，通过增值税纳税申报表附表一来测算，免税收入占比为18%，超过了行业平均值10%。

判断：企业是否存在扩大增值税优惠税率适用范围还无法判断。

4)总部调节进项税的风险疑点用"年度增值税进项税与销项税的比例"来测算，发现2017年增值税进项税与销项税的比例为91.17%，2018年增值税进项税与销项税的比例为92.52%，两个年度差别不大。

判断：两个年度差别不大，企业肯定不存在总部调节进项税额和利润。

5)企业可能存在多抵扣成品油进项税额的风险疑点用年度油费发票除以每辆车年度用油来测算，增值税发票抵扣中有50 000元石油公司开具的发票，公司的车辆2018年年度耗油大约10 000元/辆，所以测算出来年度成品油的用量可供5辆车使用。

判断：企业肯定存在多抵扣成品油进项税额。

4. 风险应对经验策略

(1)题干：

按照前述风险判断、分析、确认结果，对杭州永泰超市有限公司2017年12月和2018年12月纳税遵从情况进行分析，评定其风险等级为高。

请根据判断与分析对该企业的风险情况进行评价和应对。

(2)选项选择：

☑核对申报表数据和企业会计总分类账收入项目，对不一致的收入项目逐项分析核对，查找两者收入不一致的原因

☐核查每月结转成本计算单的品种、数量、单价、金额

☐如果企业长期大部分销售都低于进价，则应重点核查企业的返利情况，了解上下游企业的购销合同、销售政策

☐如果企业的每笔销售都高于进价，而总体出现成本大于收入，则重点检查每月结转成本计算单是否正确

☐核查销售费用、管理费用、财务费用哪个项目较大，对较大项目逐笔核查是否合理

☑要对企业收入、成本、费用、毛利结构进行拆分查看，看其结构是否存在明显不合理的地方

☐核查企业的资金流，看是否存在资金回流现象

☐核查企业的资金流，看是否存在长时间的购销业务只动发票不动货款的现象

☑核查企业车辆配置情况，了解汽车使用规律，以及车辆用油管理制度、用车记录单等资料，核查油费发票抵扣与真实用油记录匹配度

☑核查企业商品资料清单，看商品税率的设置情况

☑核查企业的发票流与销售订单、资金流是否匹配

☑核查企业的其他应付款、预收账款、老板个人银行卡流水等，重点检查企业是否有未入账收入

分析判断和思路依据如下。

1）少报销售额，少报销项税的疑点用2个风险特征来计算。

①毛利率：2018年永泰毛利率为7.16%，低于行业平均值14.75%。

②增值税税负率：2017年增值税税负率为1.93%，2018年增值税税负率为1.7%，都低于行业平均值。

判断：企业是否存在少报销售收入，少申报销售税额还无法判断。

实地核查：①核查企业的其他应付款、预收账款、老板个人银行卡流水等，重点检查企业是否有未入账收入。

②核对申报表数据和企业会计总分类账收入项目，对收入不一致的收入项目逐项分析核对，查找收入不一致的原因。

③要对企业收入、成本、费用、毛利结构进行拆分查看，看其结构是否存在明显不合理的地方。

2）富余虚开的疑点用商业零售企业未开具发票金额低于销售总金额×30%这个风险特征来计算，看增值税纳税申报表附表一，未开具发票金额/全部销售金额=27%。

判断：企业是否存在"富余发票"虚开还无法判断。

实地核查：核查企业的发票流与销售订单、资金流是否匹配。

3）扩大增值税优惠税率适用范围的疑点：用免税收入占比来测算，通过增值税纳税申报表附表一来测算，免税收入占比为18%，超过了行业平均值10%。

判断：企业是否存在扩大增值税优惠税率适用范围还无法判断。

实地核查：核查企业商品资料清单，看商品税率的设置情况。

4）总部调节进项税的风险疑点用"年度增值税进项税与销项税的比例"风险特征来测算，发现2017年增值税进项税与销项税的比例为91.17%，2018年增值税进项税与销项税的比例为92.52%，两个年度差别不大。

判断：两个年度差别不大，企业肯定不存在总部调节进项税额和利润。

实地核查：不再实地核查。

5）企业可能存在多抵扣成品油进项税额的风险疑点用年度油费发票除以每辆车年度用油来测算，增值税发票抵扣中有50 000元石油公司开具的发票，公司的车辆2018年年度耗油大约10 000元/辆，所以测算出来年度成品油的用量可供5辆车使用。

判断：企业肯定存在多抵扣成品油进项税额。

实地核查：核查企业车辆配置情况，了解汽车使用规律，车辆用油管理制度、用车记录单等资料，核查油费发票抵扣与真实用油记录匹配度。

四、案例点评

本案例选择了大型商贸行业中的代表大型连锁超市为评估对象，在评估分析环节，通过调取企业的基本情况表、财务报表和纳税申报表等有关申报资料与企业备案的相关资料，并向企业了解各种经营信息，利用财务分析、纳税调整结合企业自身特点，有针对性地进行纳税评估。通过本案例的评估，进一步进行分析、归纳、总结，以便找准商业超市的纳税评估对象。

风险应对人员以企业的财务报表分析为基础，运用纳税评估相关指标、结合大型商贸企业特点展开分析，查找企业存在的疑点，经过分析、约谈、评估处理，完成评估，补缴增值税 357 454.87 元，加收滞纳金 17 874.04 元。通过对该超市的典型评估剖析，为各税源管理单位提供了风险样本，据统计经各税源管理单位进一步评估后，大型连锁超市行业整体税负率提高了 0.2%，有效地促进了大型了连锁超市和商场的税源管理。

通过本案例的评估，分析行业特点，查找存在的税收风险点，利用税负率、毛利率等筛选指标扫描超市税收风险，结合对超市类纳税人经营及纳税情况测算分析，确定纳税评估对象。对重点税源实行精细化、专业化管理，充分发挥纳税评估的作用，加强对大型商贸企业的监控管理，对于确定纳税评估对象是具有可操作性和现实意义的。

【课后拓展】

下列企业可能成为纳税评估对象：

(1)增值税、企业所得税贡献率低或者无贡献。

(2)纳税评估分析指标异常。

(3)增值税税负率过低。

(4)所得税税负率过低。

(5)纳税贡献率低。

任务八　纳税筹划系统案例操作

知识目标

(1)掌握纳税筹划的基本概念；

(2)将会计知识与税法知识有机结合，对所学知识进行充分理解和有效应用。

能力目标

掌握各税种纳税筹划的基本方法与基本程序。

 **素质目标**

（1）培养学生的法治精神；
（2）培养学生的纳税筹划意识。

纳税筹划系统包括：纳税筹划教学系统、纳税筹划单点策略实训系统；纳税筹划教学系统应用于纳税筹划理论课程的学习、随堂的训练、复盘训练。纳税筹划单点策略实训系统应用于学习后的综合实训，根据企业的年度经济业务、财务情况进行企业各项业务的筹划判断和筹划。

纳税筹划教学系统

操作步骤：

（1）登录平台，选择"风险管控"→"财税大数据风控教学指导"→"纳税筹划教学系统"。财税大数据风控教学管理平台如图 3-8-1 所示。

图 3-8-1　财税大数据风控教学管理平台

（2）进入系统后，分为筹划理论教和学、筹划理论随堂练、筹划选案复盘练三个部分，如图 3-8-2 所示。

图 3-8-2　纳税筹划教学系统

(3)筹划理论教和学包括纳税筹划理论、纳税筹划分税种经典案例、纳税筹划分行业经典案例等，如图 3-8-3 所示。

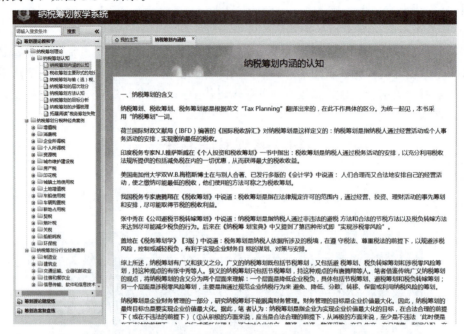

图 3-8-3　筹划理论教和学

(4)纳税筹划理论随堂练：理论学习后可以对各章节学习的内容进行随堂训练，每一章节每一小节都设置有练习题，形式为单多判形式，练习完后可以查看准确率、答案解析，并且可以进行试卷重做，如图 3-8-4 所示。

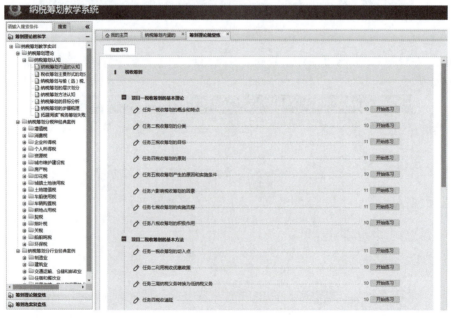

图 3-8-4　纳税筹划理论随堂练

(5)定向复盘:随堂训练完成后,可以进行定向复盘训练,定向复盘可以根据教学需求筛选业务,学生可以进行单项或综合企业业务的筹划思路、筹划过程、筹划结论复盘练习,练习结束之后可以进行答案查询,提升学生对纳税筹划业务处理的能力。教师端可以对学生的成果和进度进行查看,如图3-8-5所示。

图 3-8-5　定向复盘

(6)随机选案:随机从定向复盘题库里抽取题目进行训练。

纳税筹划单点策略实训系统

案例资料:杭州德信科技有限公司

一、行企背景

1. 行企现状

进入21世纪以来,信息技术已逐渐成为推动国民经济发展和促进全社会生产效率提升的强大动力,信息产业作为关系到国民经济和社会发展全局的基础性、战略性、先导性产业受到了越来越多国家和地区的重视。中国政府自20世纪90年代中期以来就高度重视软件行业的发展,相继出台一系列鼓励、支持软件行业发展的政策法规,从制度层面提供了保障行业蓬勃发展的良好环境。

2006年以来,随着国民经济的持续高速增长,中国软件行业保持快速健康发展态势,"十一五"期间,软件行业收入年均增速达31%。2016年,在整体经济增长放缓的条件下,软件行业依然保持快速增长态势。2016年,中国软件行业共实现业务收入4.9万亿,同比增长 14.9%。

2007—2016 年我国软件业务收入及增长情况如图 3-8-6 所示。

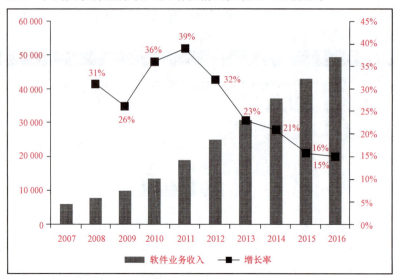

图 3-8-6 2007—2016 年我国软件业务收入及增长情况

(1)中国软件行业处于高速发展成长期。当前，全球软件行业正处于成长期向成熟期转变的阶段，而中国的软件行业正处于高速发展的成长期。随着中国软件行业的逐渐成熟，软件及 IT 服务收入将持续提高，发展空间广阔。中国企业用户的 IT 需求已从基于信息系统的基础构建应用转变成基于自身业务发展构建应用，伴随着这种改变，连接应用软件和底层操作软件之间的软件基础平台产品呈现出旺盛的需求。

(2)受益于经济转型、产业升级，我国软件行业呈现加速发展态势。中国正处于经济转型和产业升级阶段，由以廉价劳动力为主的生产加工模式，向提供具有自主知识产权、高附加值的生产和服务模式转变，其中信息技术产业是经济转型和产业升级的支柱与先导，是信息化和工业化"两化融合"的核心，软件产业是信息技术产业的核心组成部分。随着经济转型、产业升级进程的不断深入，传统产业的信息化需求将会不断激发，市场规模逐年提升。同时，伴随着人力资源成本的上涨，以及提高自主核心竞争力的双重压力，IT 应用软件和专业化服务的价值将更加凸显。

(3)软件基础平台的定义。软件基础平台是用来构建与支撑企业尤其是大型企业各种 IT 应用的独立软件系统，包含了可复用的软件开发框架和组件，它是开发、部署、运行和管理各种 IT 应用的基础，是各种应用系统得以实现与运营的支撑条件，以帮助客户达到应用软件低成本研发、安全可靠运行、快速响应业务变化、规避技术风险的目的。

软件基础平台介于底层的操作系统、数据库和前端的业务系统之间，是更为贴近前端业务应用的软件层级，它承载了所有的应用系统，是实现软件全生命周期核心资产的共享与复用、降低多系统多项目并行构建与管理复杂性的一套实践体系。

(4)SOA 架构下的软件基础平台。SOA 是一种软件架构方法。在 SOA 架构下，应用软件被划分为具有不同功能的服务单元，并通过标准的软件接口将这些服务连接起来。企业业务需求变化时，不需要重新编写软件代码，而是将服务单元重新组合和编制，从而使企业应用系统获得"组件化封装、接口标准化、结构松耦合"的关键特性。这样，以 SOA 架构实现的应用系统可以更灵活快速地响应企业业务变化，实现新旧软件资产的整合和复用，极大降低软件的整体拥有成本。

相对于传统软件架构，业界把 SOA 这种软件设计方式比喻成"活字印刷术"。在"活字印刷术"发明之前是"雕版印刷术"。活字印刷术的发明改善了雕版印刷的不足，将每个字按标准的规格设计成单个活字，可随时拼版，极大地加快了印刷效率。活字字版印刷完成后，可以拆版，活字可重复使用，且活字比雕版占有的空间小，容易存储和保管。传统软件架构的应用软件就像是"雕版印刷"的雕版，软件由千百万行代码组成，按业务功能来划分，如 ERP、CRM 等，软件形态耦合度很高。当业务发生变化时，传统软件架构无法及时响应；同时，已开发的软件系统在需求变化后，往往需要推倒重来，从而造成软件复用度低，总体拥有成本高。

(5) 软件基础平台与云计算和大数据技术相融合。云计算（Cloud Computing）是一种基于互联网的计算方式，通过这种方式，共享的软硬件资源和信息可以按需提供给计算机与其他设备。互联网上汇聚的计算资源、存储资源、数据资源和应用资源正随着互联网规模的扩大而不断增加，云计算技术使企业能够方便、有效地共享和利用这些资源，并已成为新一代软件基础架构的底层计算架构。大型企业和政府用户逐步采用云计算技术构建云计算基础设施，或者采用公有云服务方式，或者是自建私有云更高效地利用资源，将传统的企业软件升级为云环境运行，以服务的方式提供给内部的员工、业务部门和外部的供应商与合作伙伴。但是，企业往往缺少相关的技术能力和知识储备，也缺乏软件的支持来形成计算、存储和网络资源的统一管理，这些用户需求使软件基础平台必须形成云计算的支撑能力。

强大的云计算能力使降低数据提取过程中的成本成为可能。随着行业应用系统的规模迅速扩大，行业应用所产生的数据呈爆炸性增长，已远远超出了现有传统的计算技术和信息系统的处理能力。大数据应用相比于传统的数据应用，具有数据体量巨大、数据类型繁多、查询分析复杂、处理速度快等特点，大数据技术就是提供从各种各样类型的数据中快速获得有价值信息的能力，其核心是数据集成、数据管理、数据存储与数据分析。因此，寻求有效的大数据处理技术、方法和手段已经成为迫切需求。

软件基础平台作为构建和支撑企业应用的独立软件系统，必须适应云计算和大数据技术的发展，新一代的软件基础平台将融合 SOA、云计算、大数据的功能与技术架构，为客户的业务提供新的技术价值，帮助客户的业务向数字化转型。

云计算和大数据的核心也是服务，计算、存储、数据、应用等都属于服务，SOA 可发挥其在系统界面和接口标准化等方面的优势，为云计算和大数据提供一个较好的技术平台。SOA 在应用层面进行资源整合，云计算在基础设施层面进行整合，大数据满足了企业对数据管理的要求，三者的融合可以使企业用户获得更大的价值。

2. 行企特点

(1) 轻资产运营，受周期影响小。IT 软件行业相对于硬件制造业的最大优点，在于软件可以根据需求随时增加销量，即可进行简单的复制，不需要大量资本购买土地、厂房、机器，没有库存的压力，资本金需求较小。软件行业竞争激烈，开发软件的初始成本大，新软件产品和书籍出版类似，畅销书能提供丰厚利润，滞销书可能颗粒无收。

（2）行业集中度高，抗风险能力强。相对于IT硬件行业在产品标准化下，硬件厂商有机会共享市场，IT软件行业容易出现赢家通吃的局面，只有市场的前三位活得较好。因为相同功能的软件产品（娱乐软件除外）或服务，客户通常只会从中选择一种使用。客户考虑到软件口碑、维护方便等特点，自然会倾向选择市场占有率较大的产品，而市场占有率越大者，产品通过不断复制，无形中等于是在摊销固定研发成本，公司有更多的资金可以开发下一代产品，马太效应导致大者恒大的现象。

（3）客户的转换成本高，服务购买比例高。客户对于软件产品和服务有依赖性，且通常转换软件需要学习成本，因此，除非新软件功能相差大到足以吸引客户转换，否则客户对同一类型的产品倾向不轻易更换。取得市场先机的业者，多先以技术优势暂时取得市场领先地位，透过各种方式扩大市场，以高普及率为目标；等到客户基础稳固，锁住客户的忠诚度、提高竞争者的转换成本以稳定消费层后，再计划取得高利润。

3. 行企趋势

（1）网络化发展趋势。网络化是利用通信技术和计算机技术，将分布在不同地点的计算机及各类电子终端设备互联起来，按照一定的网络协议相互通信，以达到所有用户都可以共享软件、硬件和数据资源的目的。随着计算机软件技术的发展，我国的软件产业必将向网络化方向发展，逐步把整个互联网整合成一台巨大的超级计算机，实现计算资源、存储资源、数据资源、信息资源、知识资源、专家资源的全面共享。

（2）智能化发展趋势。智能化是由现代通信与信息技术、计算机网络技术、行业技术、智能控制技术汇集而成的针对某一个方面的应用。在人工智能化不断发展的如今，计算机软件技术也会逐渐趋向智能化。随着现代通信技术、计算机网络技术以及现场总线控制技术的飞速发展，数字化、网络化和信息化正日益融入人们的生活之中，计算机技术的智能化也必将给人们的生活带来新的改变。

（3）服务化发展趋势。计算机软件技术和计算机软件产业都将会实现服务化，也就是说随着计算机软件技术的发展和应用软件的成熟，通过网络提供软件的模式，软件生产企业将应用软件统一部署在自己的服务器上，客户可以根据自己实际需求，通过计算机向厂商订购所需的应用软件服务，通过互联网便可以享受到相应的硬件、软件和维护服务，享有软件使用权和不断升级，使计算机软件服务于大众。

（4）融合化发展趋势。我国工业化的发展和传统产业的升级将会推动电气化、机械化、自动化等硬件装备向信息化、数字化、网络化等软装备转变，计算机软件技术的融合化趋势将会为信息化和工业化的融合起重要的作用。在工业化不断推进和传统产业升级加快的形势下，对工业软件的需要将会进一步扩大，我国计算机软件产业将会不断拓展，竞争实力也会不断提升，并且可以大大推动计算机软件技术和融合化，适应社会发展的需要。

（5）开放化发展趋势。开放化意味着计算机软件产品将逐步实现标准化，并且会将计算机软件的源代码开放。计算机软件技术的开放可以为计算机软件质量的提高创造机遇，逐步打破计算机软件技术与知识产权的壁垒和垄断，推动我国计算机软件产业的更新换代和全面升级。在开放化的发展趋势下，我国软件产业的开发效率也将大幅提高。

二、案情场景

1. 企业基本信息

公司名称：杭州德信科技有限公司

成立时间：2015 年 11 月 2 日

注册资本：1 000 万元整

经营地址：浙江省杭州市滨江区南环路 37 号

经营范围：计算机软件的开发、服务、销售，电子产品及通信产品的设计、开发、生产、安装及销售，网络产品的开发、系统集成与销售，电子产品工程的设计、安装，经营进出口业务。

公司软件著作权：德信税务实训平台软件 V3.5、德信票据生成器软件 V1.0、德信纳税实务技能大赛软件 V3.0、德信理实一体教学平台软件 V1.0、德信会计技能考试平台软件 V1.0、德信纳税评估教学系统 V1.0、德信初级会计资格考试系统仿真软件 V1.0、德信网银结算实训系统 V1.0。

公司职工人数：1 111 人，从事研发和技术创新活动的科技人员 109 人。

2. 企业经营情况

公司主要客户以学校、培训机构两大市场为主体。主要产品以辅导教学软件，如税务实训软件、技能实训软件开发销售。截至目前已开发一系列税务、会计教学为主的软件。

公司销售给学校教学软件为主，收款周期较长；销售给培训机构为辅，收款方式比较短。企业近三年经营情况如图 3-8-7～图 3-8-9 所示。

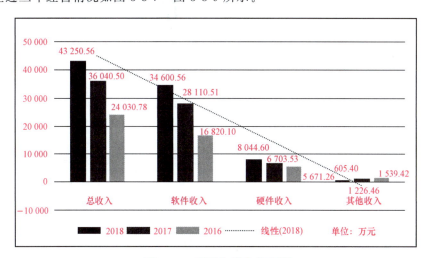

图 3-8-7　近三年收入分布图

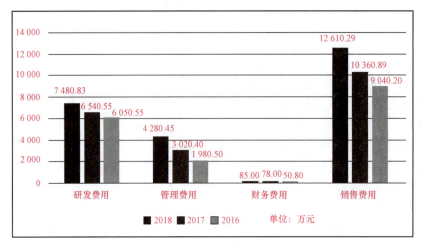

图 3-8-8 近三年企业费用情况图表

图 3-8-9 企业收入、税费环比增长图

3. 企业业务详情

预计 2021 年德信公司经营情况大致与 2020 年 12 月业务大致相同，以下是德信公司 2021 年 12 月业务情况。

业务 1：2021 年 12 月 3 日，银行提取 1 万元备用金。

业务 2：2021 年 12 月 5 日，由银行代发工资。

业务 3：2021 年 12 月 10 日，缴纳上个月税费 23 万元。

业务 4：2021 年 12 月 10 日，缴纳保险 1 243 200.32 元、公积金 1 318 680.56 万元。

业务 5：2021 年 12 月 18 日，公司与浙江华科职业技术学院洽谈会计工作室建设合同，预计 12 月份缴纳税费 12 万元，会计工作室于 2021 年年初启动装修工作，6 月份投入使用。

业务 6：2021 年 12 月 20 日，公司与浙大财经学院签订一份税务实训软件使用合同，包括软件和硬件，软件金额为 25 万元，硬件金额为 8 万元。

业务7：2021年12月22日，公司购买一批办公用品，不开增值税发票为1 000元，开增值税发票需要额外支付200元。

业务8：2021年12月23日，收到杭州职旅税务实训软件款30万元。

业务9：2021年12月25日，销售部李强报销差旅费用3 840元。

业务10：2021年12月29日，公司准备给公司总经理李光发放年终奖，奖金金额为20万元，12月份工资为3万元，预计2021年全年工资薪金收入为42万左右，年终奖为35万元，五险一金扣除6.5万元，专项附加扣除4.8万元。

业务11：2021年12月30日，计提2021年第四季度企业所得税预缴金额1 754万元。

补充资料：目前企业资金存入银行进行理财，理财年利率为4%，一年按照360天(不考虑折现价值的计算)。

4. 企业纳税情况

公司主要涉及的税种有增值税、企业所得税、个人所得税、城市维护建设税、教育费附加、地方教育费附加、印花税及其他小税种，企业所得税未享受任何优惠政策。

公司2020年增值税实际缴纳1 946.25万元，税负大概为4.5%，自行开发软件销售增值税享受即征即退政策，即增值税实际税负超过3%的部分实行即征即退政策。企业所得税按照25%缴纳，实际缴纳4 385.27万元。其他附加税费为259.52元。增值税税率为13%，如图3-8-10所示。

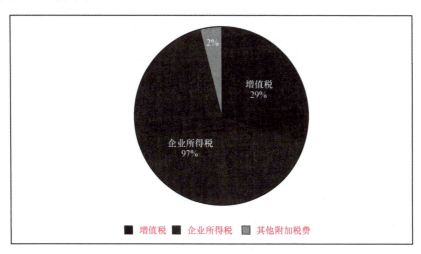

图3-8-10　2020年纳税情况表

5. 相关税收政策

(1)高新技术企业。根据《中华人民共和国企业所得税法》(中华人民共和国主席令第63号)第二十八条第二款规定：国家需要重点扶持的高新技术企业，减按15%的税率征收企业所得税。

根据《中华人民共和国企业所得税法实施条例》(中华人民共和国国务院令第512号)第九十三条规定：企业所得税法第二十八条第二款所称国家需要重点扶持的高新技术企业，是指拥有核心自主知识产权，并同时符合下列条件的企业：

1)产品(服务)属于国家重点支持的高新技术领域规定的范围；

2)研究开发费用占销售收入的比例不低于规定比例；

3)高新技术产品(服务)收入占企业总收入的比例不低于规定比例；

4)科技人员占企业职工总数的比例不低于规定比例；

5)高新技术企业认定管理办法规定的其他条件。

国家重点支持的高新技术领域和高新技术企业认定管理办法由国务院科技、财政、税务主管部门商国务院有关部门制定，报国务院批准后公布施行。

(2)年终奖。税务总局明确关于个人所得税法修改后有关优惠政策衔接问题：

居民个人取得全年一次性奖金，符合《国家税务总局关于调整个人取得全年一次性奖金等计算征收个人所得税方法问题的通知》(国税发〔2005〕9号)规定的，在2021年12月31日前，不并入当年综合所得，以全年一次性奖金收入除以12个月得到的数额，按照本通知所附按月换算后的综合所得税率表(以下简称月度税率表)，确定适用税率和速算扣除数，单独计算纳税。

计算公式为

应纳税额＝全年一次性奖金收入×适用税率－速算扣除数

居民个人取得全年一次性奖金，也可以选择并入当年综合所得计算纳税。

自2022年1月1日起，居民个人取得全年一次性奖金，应并入当年综合所得计算缴纳个人所得税。

(3)小微企业。根据国家税务总局公告〔2019〕4号文件，小规模纳税人发生增值税应税销售行为，合计月销售额未超过10万元(以1个季度为1个纳税期的，季度销售额未超过30万元，下同)的，免征增值税。小规模纳税人发生增值税应税销售行为，合计月销售额超过10万元，但扣除本期发生的销售不动产的销售额后未超过10万元的，其销售货物、劳务、服务、无形资产取得的销售额免征增值税。

(4)增值税纳税义务发生时间。

1)采用直接收款方式销售，不论货物是否发出，均为收到销售额或取得索取销售额的凭据，并将提货单交给买方的当天；

2)采用托收承付或委托银行收款方式销售，为发出货物并办妥托收手续的当天；

3)采用赊销和分期收款方式销售，为按合同约定的收款日期的当天；

4)采取预收货款方式销售，为货物发出的当天；

5)委托其他纳税人销售，为收到代销单位销售的代销的当天；收到代销清单时已收到全部或部分货款的，为收到货款的当天；发出商品满180天仍未取得清单，视同销售，为满180天的当天；

6)销售应税劳务，为收取销售额或取得索取销售额凭据的当天；

7)发生"视同销售"行为，为货物转移的当天；

8)进口货物，为报关进口的当天。

注：以上如果先开具发票，增值税纳税义务发生时间为开具发票的当天。

操作步骤：

(1)教师端发布教学案例后，学生端可以对已发布的案例进行查看和操作，学生通过学习指引、行企背景、案例情景给出的信息和数据，进行筹划策略与实施，包括业务分析、方案设计、方案确认。

(2)学生在操作时，先进行筹划空间排查、筹划风险点剔除、筹划思路确认、筹划方法选择(注意：四个小点完成后方可进行下一步方案设计)，如图 3-8-11 所示。

图 3-8-11　业务分析

(3)根据选择的处理方案，进行相应的纳税筹划方案设计，如图 3-8-12 所示。

图 3-8-12　方案分析

(4) 根据设计的纳税筹划方案，进行方案的确认，如图 3-8-13 所示。

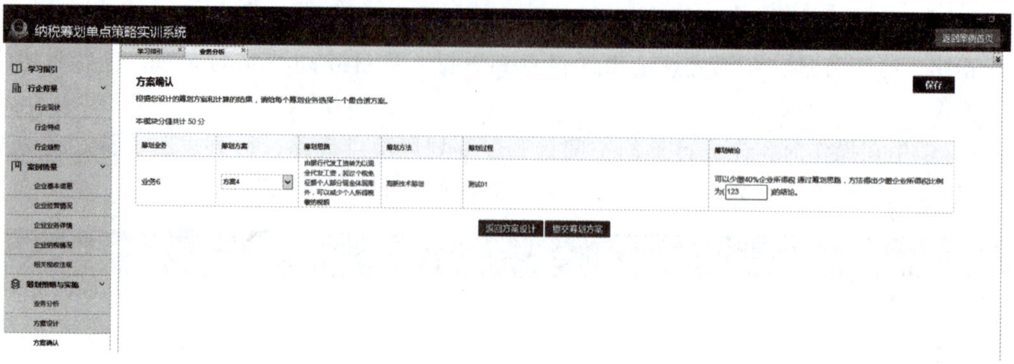

图 3-8-13 方案确认

三、业务分析

1. 筹划空间排查

(1) 题干：

根据 2018 年经济业务及企业基本情况进行筹划分析，你认为该企业 2019 年有哪些业务具有筹划空间？

(2) 选项选择：

☑ 业务 5：2021 年 12 月 18 日，公司与浙江华科职业技术学院洽谈会计工作室建设合同，预计 12 月份缴纳税费 12 万元，会计工作室于 2021 年年初启动装修工作，6 月投入使用。

☑ 业务 6：2021 年 12 月 20 日，公司与浙大财经学院签订一份税务实训软件使用合同，包括软件和硬件，软件金额为 25 万元，硬件金额为 8 万元。

☑ 业务 7：2021 年 12 月 22 日，公司购买一批办公用品，不开增值税发票 1 000 元，开增值税发票需要额外支付 200 元。

☑ 业务 10：2021 年 12 月 29 日，公司准备给公司总经理李光发放年终奖，奖金金额为 20 万元，12 月工资为 3 万元，预计 2021 年全年工资薪金收入 42 万左右，年终奖为 35 万元，五险一金扣除 6.5 万元，专项附加扣除 4.8 万元。

☑ 业务 11：2021 年 12 月 30 日，计提 2021 年第四季度企业所得税预缴金额 1 754 万元。

2. 筹划风险点剔除

(1) 题干：

针对该企业的业务进行了初步分析，初步制定了一些筹划方法，你认为哪些筹划方法是不合理、不合法的？

(2) 选项选择：

☑ 工资由银行代发转为现金发放

☑ 推迟 10 天缴纳上月税费

☑公司承担保险、公积金费用过高，可以适当降低缴纳基数

☑公司承担保险、公积金费用过高，降低员工工资

☑公司签订的税务实训软件硬件、软件合同，不区分核算法

☑公司购买办公用品不索要增值税发票，白条入账

☑收到税务实训软件款打入私人法人账户

☑销售部李强报销差旅费用放入业务招待费科目核算

☑李光年终奖金额度过高，并入综合所得缴纳个人所得税

☑推迟缴纳企业所得税税款

3. 筹划思路确认

(1)题干：

通过对此公司的情况进行分析，你认为有哪些筹划思路是可以确定的？

(2)选项选择：

☑可以充分利用增值税、企业所得税纳税义务发生时间和纳税期限的有关规定，合理延迟纳税义务发生时间，从而可以充分利用资金的时间价值，合同中把第二期收款时间定于6月底，税费可以延迟半年缴纳12万元

☑应当尽量将不同税率的货物或应税劳务分别核算，以适用不同的税率，从而规避从高适用税率，进而减轻企业税收负担

☑如果不要增值税专用发票，进项税130元不能抵扣，企业所得税需要纳税调增1 000元，按照25%税率，需要缴纳企业所得税250元，远高于减少的200元，所以需要索取发票

☑由于年终奖金35万元，工资薪金收入42万元，以综合申报方式申报，税率会很高，如果选择单独申报方式，会少缴个税

☑企业所得税占企业税负比较重，可以考虑申请高新技术企业，享受15%的企业所得税优惠税率，从而减少企业所得税

4. 筹划方法选择

(1)题干：

根据此公司的情况，以及你的筹划思路，你认为哪些筹划方法是合适的？

(2)选项选择：

☑延迟纳税申报时间，合理利用合同签订的收款时间

☑分别会计核算

☑索取增值税专用发票

☑个税税基、税率筹划—年奖金单独计税的优惠享用

☑高新技术筹划

5. 方案设计

筹划方案设计见表3-8-1。

表 3-8-1　筹划方案设计

筹划业务	筹划方案	筹划思路	筹划方法
业务5：2021年12月18日，公司与浙江华科职业技术学院洽谈会计工作室建设合同，预计12月份缴纳税费12万元，会计工作室于2021年年初启动装修工作，6月投入使用	方案1	可以充分利用增值税、企业所得税纳税义务发生时间和纳税期限的有关规定，合理延迟纳税义务发生时间，从而可以充分利用资金的时间价值，合同中把第二期收款时间定于6月底，税费可以延迟半年缴纳12万元	延迟纳税申报时间，合理利用合同签订的收款时间
业务6：2021年12月20日，公司与浙大财经学院签订一份税务实训软件使用合同，包括软件和硬件，软件金额为25万元，硬件金额为8万元	方案1	应当尽量将不同税率的货物或应税劳务分别核算，以适用不同的税率，从而规避从高适用税率，进而减轻企业税收负担	分别会计核算
业务7：2021年12月22日，公司购买一批办公用品，不开增值税发票1 000元，开增值税发票需要额外支付200元	方案2	如果不要增值税专用发票，进项税130元不能抵扣，企业所得税需要纳税调增1 000元，按照25%税率，需要缴纳企业所得税250元，远高于减少的200元，所以需要索取发票	索取增值税专用发票
业务10：2021年12月29日，公司准备给公司总经理李光发放年终奖，奖金金额为20万元，12月工资3万元，预计2021年全年工资薪金收入42万左右，年终奖为35万元，五险一金扣除6.5万元，专项附加扣除4.8万元	方案2	由于年终奖金35万元，工资薪金收入42万元，以综合申报方式申报，税率会很高，如果选择单独申报方式，会少缴个税	个税税基、税率筹划一年奖金单独计税的优惠享用
业务11：2021年12月30日，计提2021年第四季度企业所得税预缴金额1 754万元	方案1	企业所得税占企业税负比较重，可以考虑申请高新技术企业，享受15%的企业所得税优惠税率，从而减少企业所得税	高新技术筹划

四、方案确认

根据您设计的筹划方案和计算的结果，请给每个筹划业务选择一个最合适方案。方案解析见表3-8-2。

表 3-8-2 方案解析

筹划业务	筹划方案	筹划思路	筹划方法	筹划结果	答案
业务5：2021年12月18日，公司与浙江华科职业技术学院洽谈会计工作室建设合同，预计12月缴纳税费12万元，会计工作室于2021年年初启动装修工作，6月投入使用	方案1	可以充分利用增值税、企业所得税纳税义务发生时间和纳税期限的有关规定，合理延迟纳税义务发生时间，从而可以充分利用资金的时间价值，合同中把第二期收款时间定于6月底，税费可以延迟半年缴纳12万元	延迟纳税申报时间，合理利用合同签订的收款时间	通过筹划得出取得资金价值（ ）万元的结论	0.24
解析： 120 000×0.04×0.5＝2 400					
业务6：2021年12月20日，公司与浙大财经学院签订一份税务实训软件使用合同，包括软件和硬件，软件金额为25万元，硬件金额为8万元	方案1	应当尽量将不同税率的货物或应税劳务分别核算，以适用不同的税率，从而规避从高适用税率，进而减轻企业税收负担	分别会计核算	通过筹划得出少缴增值税（ ）万元的结论	2.5
解析： 方案一 分别核算 自主研发软件实际承担增值税税负为25×3％＝0.75(万元) 硬件承担增值税为8×13％＝1.04(万元) 增值税合计金额为1.28＋0.75＝1.79(万元) 方案二 未分别核算 需要承担的增值税为(25＋8)×13％＝4.29(万元)					
业务7：2021年12月22日，公司购买一批办公用品，不开增值税发票1 000元，开增值税发票需要额外支付200元	方案2	如果不要增值税专用发票，进项税130元不能抵扣，企业所得税需要纳税调增1 000元，按照25％税率，需要缴纳企业所得税250元，远高于减少的200元，所以需要索取发票	索取增值税专用发票	通过此筹划可以得出，该企业可减少企业所得税应纳税所得额（ ）元的结论	1 000
解析： 方案一 白条入账虽然减少200元购买成本，但增值税不能抵扣，导致进项税少抵扣130元，企业所得税白条不能入账，需要纳税调整，按照25％税率计算，需要调增1 000元，导致多交企业所得税250元，合计导致企业多承担税费合计380元。 方案二 索要增值税专用发票可以少交380元税费，增加200元购买成本。方案二比方案一可以少180元，方案二更优					

续表

筹划业务	筹划方案	筹划思路	筹划方法	筹划结果	答案
业务10：2021年12月29日，公司准备给公司总经理李光发放年终奖，奖金金额为20万元，12月工资为3万元，预计2021年全年工资薪金收入为42万元左右，年终奖为35万元，五险一金扣除6.5万元，专项附加扣除4.8万元	方案2	由于年终奖金为35万元，工资薪金收入为42万元，以综合申报方式申报，税率会很高，如果选择单独申报方式，会少缴个税	个税税基、税率筹划一年奖金单独计税的优惠享用	通过筹划得出少缴个人所得税（ ）元的结论	8 860
解析： 方案一 年终奖放入综合所得计算 (35＋42−6−6.5−4.8)×30%−5.292=12.618(万元) 方案二 年终奖单独计算 35/12=2.92(万元) 年终奖个税为 35×25%−0.266=8.484(万元) 工资薪金需要缴纳个税 (42−6−6.5−4.8)×20%−1.692=3.248(万元) 合计需要缴纳个税为 8.484+3.248=11.732(万元) 方案二比方案一少缴个税8 860元，方案二更优					
业务11：2021年12月30日，计提2021年第四季度企业所得税预缴金额1 754万元	方案1	企业所得税占企业税负比较重，可以考虑申请高新技术企业，享受15%的企业所得税优惠税率，从而减少企业所得税	高新技术筹划	通过筹划，此方案少缴企业所得税比例为（ ）的结论	0.4
解析： 方案一 申请高新技术企业。根据高新技术企业认定标准，针对企业基本情况进行分析，企业从事研发和相关技术创新活动的科技人员占企业当年职工总数的比例不低于10%，此条件不满足，企业可以增加2个科研人员，然后申请高新技术企业认定，通过认定后，企业所得税税率由之前25%调整为15%，企业所得税预计可以减低40%。 方案二 按照现在企业所得税税率25%进行缴纳。方案一比方案二可以减少40%企业所得税，方案一更优					

五、案例点评

本案例选择了软件行业作为税收筹划对象，通过企业的基本情况表、经济业务、企业税负等有关资料和企业备案的相关资料，并了解企业经营模式，利用税收政策，结合企业自身特点，有针对性地进行税收筹划。

税收工作人员需要通过企业基本情况、行业情况、经济业务情况，结合行业税收政策，进行税收筹划，实现企业价值最大化。针对该软件行业基础情况、经营情况了解，依据税收政策进行合理合法的税收筹划，例如，公司企业所得税税负增长超过收入增长，税负较重，可以考虑增加成本、减低税率等模式进行筹划，例如：企业可以根据高新技术政策指标满足度进行逐一检查，并进行合理安排，使企业达到高新技术企业申请的标准，减低税率，达到降低企业所得税的目的。还有可以根据最近国家对小微企业的扶持力度发布的最新政策，企业可以考虑进行新设立企业，对经营业务进行合理的安排，以使新设立的企业符合小微企业条件，从而享受增值税、企业所得税等优惠政策，达到企业价值最大化，且不给企业带来任何税收风险。

所以作为企业税务工作者需要熟悉纳税环节，了解税收新规，才能帮助企业合理降低税负；税收管理需要对国家税收管理体系有宏观的理解和认识，让企业的税务工作在大数据和技术创新的背景下，降低企业涉税风险。

【课后拓展】

一些企业为了规避社保支出，往往会在工资表上做文章。在工资表上减少员工人数，降低工资总额，将每个人的工资额做到当地社保最低缴费标准或个税免征额上下。此种传统筹划方法，虽然降低了员工的个税、社保及以工资为基数的工会经费、残疾人保障金等成本，但是存在税收风险。

随着国地税合并，且社保等非税收业务整体移交到合并后的税务机关办理。意味着，个税申报基数、社保缴纳基数、工会经费及残疾人保障金缴纳依据等，能通过金税三期系统做到统一取数、口径一致，调查企业是否存在不实申报情况。类似此种不合理、不合法的税收筹划方式，在新征收环境下一去不复返。

项目四

实训总结与评价

一、整理实训资料

《智能财税实习实训》课程完成后，按照税种、实训顺序，将每个子系统的纳税申报数据形成纳税申报表依次保存，报表数据上报成功后，进入评分系统选择相对应的案例进行系统评分，将各报表依次打印完成后装订成册，形成完整的实训资料。

二、撰写实训报告

《智能财税实习实训》课程完成后，按照实训要求针对本次实训课程撰写心得，可附在完整的申报表实训资料后，装订成册，形成完整的实训报告，如图4-1-1所示。

图 4-1-1　实训报告模板

三、小组实训汇报

1. 实训汇报的目的

本实训课程，学生是主要参与者，教师更多的是指导和观察，实训汇报是检验学生的参与程度及实训效果的方法之一。通过实训汇报，给学生提供展示自我、分享实训感受的平台，有助于激发学生更多的创新思维，使实训效果更上一个台阶。教师可在实训结束前，布置学生以团队为单位积累准备实训汇报素材。在课程安排上，要为实训汇报留有充足的时间，以保证汇报的效果。

2. 实训汇报的内容

实训汇报围绕以下几个方面开展。

(1)团队成员介绍。

(2)分享团队在实训过程中的收获、体验、经验和教训。

(3)剖析自身存在的问题,确定以后的努力方向。

(4)对实训内容、形式、安排等提出合理建议。

3. 汇报形式

实训汇报以团队为单位进行,形式可以多种多样。可以推荐代表发言,可以制作PPT讲稿或视频等。

四、实操上机考试

智能财税模拟实训平台可以进行期末上机考试,时长为90分钟,根据学生学情选择难易程度分为"易""中""难"三个不同等级的案例,实训平台会自动评分,成绩表可导出留档。

五、课证融通,获取证书

"1+X"个税计算职业技能等级证书(以下简称"个税师")由教育部遴选发布的社会培训评价组织浙江衡信教育科技有限公司颁发,在教育部"1+X"证书管理平台上管理和查询,是面向家庭、企事业单位、个人"个税服务"需求的职业特长能力证明。其可分为初级、中级、高级三个等级。两科初级、中级、高级"个税计算财税基础""个税计算业务处理初级实务"成绩达60分为合格,获得相应证书,样本如图4-1-2所示。

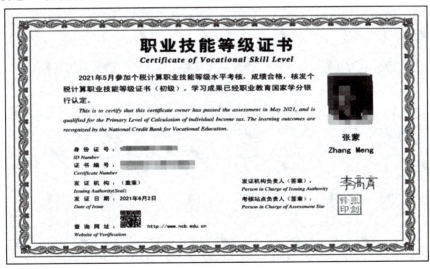

图 4-1-2　证书样本

参考文献

[1] 参考教材

全国税务师职业资格考试教材编写组．税法（Ⅰ）[M]．北京：中国税务出版社，2023．

全国税务师职业资格考试教材编写组．税法（Ⅱ）[M]．北京：中国税务出版社，2023．

中国注册税务师协会．办税操作实务[M]．北京：中国税务出版社，2018．

杨则文，谢计生．纳税实务仿真实训[M]．北京：高等教育出版社，2020．

[2] 法律条文：

中华人民共和国增值税暂行条例实施细则

中华人民共和国个人所得税法

中华人民共和国企业所得税法

财会〔2019〕6号　财政部关于修订印发2019年度一般企业财务报表格式的通知

[3] 参考网站：

国家税务总局 www.chinatax.gov.cn

中华人民共和国财政部 www.mof.gov.cn

中国注册税务师协会 https://www.cctaa.cn

中国税务网 https://www.ctax.org.cn

中国会计网 http://www.canet.com.cn